质量若非源自内心自觉，而是对外部权威压力的服从，这是"他律"而非"自律"的质量保证。只有在完成了从"他律"到"自律"的转变，形成对质量追求的自律精神，学校才会有教育灵魂。教育若没有独立的人格，不能确立质量自觉的主体，就不是真正意义上的教育！

吴 勇

吴　勇·编著

专业质量标准与质量保证体系研究

ZHUANYE ZHILIANG BIAOZHUN YU
ZHILIANG BAOZHENG TIXI YANJIU

暨南大学出版社
JINAN UNIVERSITY PRESS

中国·广州

图书在版编目（CIP）数据

专业质量标准与质量保证体系研究/吴勇编著. —广州：暨南大学
出版社，2022.3
ISBN 978 – 7 – 5668 – 3358 – 7

Ⅰ.①专…　Ⅱ.①吴…　Ⅲ.①质量标准—研究　②质量管理体
系—研究　Ⅳ.①F273.2

中国版本图书馆 CIP 数据核字（2022）第 002075 号

专业质量标准与质量保证体系研究
ZHUANYE ZHILIANG BIAOZHUN YU ZHILIANG BAOZHENG TIXI YANJIU
编著者：吴　勇

出 版 人：张晋升
责任编辑：古碧卡　陈俞潼
责任校对：周海燕　黄亦秋
责任印制：周一丹　郑玉婷

出版发行：暨南大学出版社（510630）
电　　话：总编室（8620）85221601
　　　　　营销部（8620）85225284　85228291　85228292　85226712
传　　真：（8620）85221583（办公室）　85223774（营销部）
网　　址：http://www.jnupress.com
排　　版：广州尚文数码科技有限公司
印　　刷：佛山市浩文彩色印刷有限公司
开　　本：787mm×1092mm　1/16
印　　张：14.5
字　　数：230 千
版　　次：2022 年 3 月第 1 版
印　　次：2022 年 3 月第 1 次
定　　价：88.00 元

序

　　质量是普及化时代高等教育教学改革的焦点。当下，高校人才培养工作质量保证存在3个普遍性的问题：一是质量保证体系建设没有充分体现"学生中心、结果导向、持续改进"的理念；二是质量保证主体意识不到位，尤其是专业和教师的质量保证主体意识薄弱；三是质量标准不完善、质量保证机制不健全，质量保证工作没有"双态实施"（即教学常态下的动态质量保证）。

　　高校对于质量追求，可能是出于对外部权威压力的服从（或是受利益驱动），也可能出自内心自觉的质量追求。服从于外部权威压力而实施质量保证是一种质量"他律"，是被动的质量保证。而出于学校内心自觉的质量追求，才是学校的质量"自律"。只有在完成了从"他律"到"自律"的转变，形成对质量追求的自律精神，学校才会有教育灵魂。而正是这个灵魂，使高校从一个社会附属机构，转变为具有独立人格的自觉主体。

　　本书基于"学生中心"和"结果导向"理念，研制《专业人才培养工作质量标准与质量保证体系》（以下简称《质量标准》），以及基于《质量标准》的《专业人才培养方案》，在环境条件、办学方向、培养方案、培养工作、培养成效、管理与监控6个方面设立标准，构建以专业人才培养目标达成度（即知识、素质与能力目标达成度）和毕业生就业岗位能力匹配度（人才培养与目标岗位工作要求的吻合度）为目标的质量保证体系。依据"持续改进"质量保证理念，建立专业自主下的动态质量保证运行机制，开发专业教学诊断工作流程和质量监控测评工具，实施动态化的教学质量诊断与改进。

　　近年来，广州城市职业学院依据"教育质量是过程量"和"外适性质量观与内适性质量观相结合"质量保证理念，构建"双标融合、双链对接、双度引领、双态实施"专业人才培养质量保证体系，将《质量标准》融入

《专业教学标准》，将覆盖全过程的质量标准链（由 17 条标准、29 个要素构成）对接人才培养质量保证工作链，以提升专业人才培养目标达成度和毕业生就业岗位能力匹配度为引领，在教学常态下动态实施教学工作质量诊断与改进。

"双标融合、双链对接、双度引领、双态实施"专业人才培养质量保证体系建设的核心并不在"是否达成质量标准"，而重在"能否找到问题，并有效提出改进措施"，即通过分析教学质量现状与质量标准之间的差距，促进专业能够依照质量提升的方向改进。培养目标达成度从学生个体发展角度评价质量，培养目标匹配度从社会职业岗位需要的知识和能力要求评价质量。人才培养既要考虑服务社会需要，更要坚持教育自身的价值。

吴 勇

2022 年 1 月 15 日

于广州城市职业学院招待所 102 室

目　　录

第一章 综述：质量标准与质量保证

1.1 人才培养质量观

1.1.1 质量特征与质量观

质量概念源自企业生产领域，20 世纪 80 年代，教育界受企业产品质量启发，将它从制造业转移到教育领域，提出教育教学质量概念。在高等教育大众化背景下，基于对产品和服务质量的认知，社会对于高校教育教学质量提出了怀疑，并得到教育界的回应。社会对于教育教学质量的关注，推进了高校教育工作者对高等教育质量内涵研究，总结出一系列既相互对立又相互统一的高等教育质量特征：

一是客观性与主观性。一方面高等教育质量是不以人的意志为转移的客观存在，它独立于人的意识、思想和情感，这种客观性使得对高等教育质量评价成为可能。但另一方面，高等教育质量又受到高等教育价值观的制约和影响，质量标准高低取决于特定主体的需要，不同价值观会导致不同质量标准，这是高等教育质量难以准确度量和取得共识的原因。

二是统一性与多样性。一方面受高等教育教学质量评估和社会公众了解高等教育之需要，质量评价必须设定明确的评价标准。另一方面，高等教育存在层次类别、学科专业差异和不同主体需求，使得质量标准呈现多样性。而高等教育职能（教学、科研、社会服务等）多样性，以及从精英高等教育到大众高等教育的发展，也对质量多样性提出要求。

三是学术性与职业性。学术性质量评价重视理论研究，职业性质量评价强调实践应用。前者重视教育自身的规律，注重学生的知识水平与学术成就，后者追求某一职业领域的适用性。由此可见，高等教育质量是教育实践活动具体形式质量的综合体现。

四是系统性与片面性。人才培养质量具有整体性，包括培养目标质量、培养过程质量、培养工作管理质量、教育教学制度质量、教育教学设施质量、教育产品质量，以及科研水平、社会服务质量等。

高校教育教学质量是当今社会关注的热点话题，如何保证人才培养质量也是高校教育教学改革的永恒难题。如今，中国高等教育已经从大众化进入普及化阶段，每一个愿意接受高校教育的人，都可以到高校修读学位，高校生源来自不同年龄、不同学历、不同经历的各类人。如果坚持传统办学模式和质量标准，人才培养质量问题就会日趋凸显。面对高等教育普及化的现实，政府教育行政部门和高校不得不调整自己的人才培养质量观。

事实上，在21世纪的前20年里，传统高等教育中的相当部分院校已经开始转型，大部分高等专科教育向高等职业教育转变。这些高校逐步适应了国家对高等职业院校办学功能定位，它可以概括为"劳动力蓄水池、社会维稳机构"。与之相适应，其质量观也从高等性转向职业性。为了保证高校持续、健康发展，须高度重视质量保证体系建立和完善。因此，建立国家高等教育质量保证体系已经成为高等教育改革的主题。

学术界对高等教育质量有不同的定义，英国学者戴安娜·格林（Diana Green）在对高等教育质量观进行分类的基础上，总结提出了六种主要观点①：

一是传统质量观。借鉴工商产品质量观概念，将质量放在高校提供的产品或服务上，关注教育供给的稀有性。这也是精英大学质量观，人们往往将它与剑桥、牛津等传统大学的教育质量联系在一起。

二是标准质量观。它是学校本位质量观，即将高校提供的产品或服务与预定规格或标准的一致性作为质量评价依据。由于不同类型高校制定的标准不同，教育质量是对应高校个性化的评价。

三是目的质量观。它也称外适应性质量观，即将高校提供的产品或服务与预定目标的一致性作为质量评价依据。由于不同类型的学校具有不同

---

① 田恩舜. 高等教育质量保障模型研究 [M]. 青岛：中国海洋大学出版社，2007：21-22.

的办学目的，所以不同学校的质量评价也有所不同。

四是绩效质量观。每一所学校都有自己的目标和使命，它将学校实现自身目标的效率和效益作为评价质量的标准。当下，高校受政府关于教育投入绩效评价的驱动，以学校办学绩效作为质量标准的现象比比皆是。

五是满意度质量观。它是以高校能否赢得学生、家长、社会和政府满意作为判断依据，将上述各方面的满意度作为评价质量的标准。虽然这种质量观有存在的现实价值，但有可能导致教育失去自身目标。

六是多元质量观。它是以一组指标来评价教育质量，其中主要包括学术水平、学生就业、用人单位评价、服务社会等，这种质量观把高等教育质量看成一个复杂体，涉及上述各种质量观的综合。

从高等教育发展的角度来看待人才培养工作质量，会发现它是一个动态概念。近年来，高校质量观正在经历发展变化。社会对高等教育人才需求的变化、学生多元化学习需要、高等教育类型多样化导致了不同的高等教育质量标准。关注高等教育适应社会发展需要的程度，以此作为质量评价的主要指标，正在成为质量评价的潮流。尽管如此，高校应该坚持从促进学生全面发展出发，把质量定位于培养全面发展的高素质人才。在高等教育大众化发展中，人才培养质量应该是评价教育质量的根本标准。

1.1.2　学术教育与应用教育质量观

教育质量观可分为学术性和应用性两类，这是基于对高等教育服务不同对象的定位而提出的两种截然不同的质量观。高校培养什么样的人？是社会精英阶层，还是劳动大军，决定了高校秉持的是精英教育质量观还是大众教育质量观。从欧洲中世纪到 20 世纪很长一段时间内，精英教育占据了主导地位。我国早期高等教育也带有很浓厚的精英教育的成分。1999 年高校扩招之后，高等教育进入大众化发展时代，它承载的精英教育属性逐渐被稀释。

2020 年全国招收本专科大学生超过 1 000 万人，而在 1977 年，全国只招收了 27 万大学生，在相当长时间里高等学校在校生人数占同龄人数个到 10%。改革开放 40 多年来，高等教育从精英教育阶段快速步入普及化阶段，高校人才培养对象从社会精英迅速转变为社会劳动大军，再难用传统精英人才培养质量标准去评价。普及化环境下的人才培养质量标准有两个前提：一是普及化程度（毛入学率60%以上），二是高等学校多样化发展。不同高校各有自身的办学目标和人才培养规格，有各自的办学特点和社会适应面，也有不同的教育质量标准。

世界各国高等教育都是由精英教育和大众教育两个部分组成，相对应的质量观也分为精英教育质量观和大众教育质量观。不同类型人才培养，对应不同质量评价标准。不同类型高校有自己的办学定位，在明确定位与特色的前提下，确定校本人才培养质量标准。

精英教育质量评价大多是基于学术性标准，从知识和能力两个方面设立人才培养底线。随着全面素质教育观念流行，新的质量标准建立在"学会学习、学会做事、学会做人"之上，培养高校学生兼具人文素质和科学素质。

《21世纪的高等教育：展望和行动世界宣言》[①] 提出：高等教育质量是一个多层面的概念，应包括高等教育所有功能和活动。比如，各种教学与学术计划、研究与学术成就、教学人员、学生、楼房、设施、设备、社会服务和学术环境等。因此，提出注重多样性和避免用一个统一的尺度来衡量高等教育质量，这就引出了多元化质量观。高等教育在培养目标规格、学术取向、知识标准等方面，要适应普及化、多样化时代的高等教育发展要求，在质量评价上应有不同的标准。

综上可见，高等教育质量需要多重维度评价，不能从某个单一维度进行评价。社会由多重复杂变量组成，从满足社会发展需求出发，高等教育需要将多元化质量标准有机统一。由此可见，高等教育质量具有适应性、多样性、发展性特点，应从学术、评价、政府、高校等视角进行界定，这个观点逐渐成为基本共识。只是在质量评估的维度方面，学者们的观点有所不同。高等教育质量是由人才培养、科研和社会服务三者共同构成的，其中最核心的指标应该是人才培养，只有培养出优秀的人才，才能为科研和社会服务提供基础。

---

① 联合国教科文组织于1998年10月5日至9日在巴黎召开了世界首届高等教育大会，会上发表了《21世纪的高等教育：展望和行动世界宣言》。

由于不同类型高校有不同的教育质量评价标准，确定学校的类型和层次就显得非常必要。在传统精英教育中，高等学校按学科性质划分为理、工、农、医、哲学等 11 个学科大类。从人才培养类型来看，高校也可以划分为科研型、教学科研型、教学型 3 种类型。不同类型、不同层次的高等学校向社会提供不同的人才培养目标和规格，导致不同的教育质量标准。这是多元化质量观存在的基础，它增强了高校自主办学能力。采用不同的质量评价标准，有利于各类高校办学形成自己的特色。

欧美发达国家高等教育质量保证体系建设，也经过了从一元控制到多元管理的主体变革，政府、高校与社会三者分工协调，共同参与高等教育质量保证建设，以质量标准为导向的改革已经成为共识。近年来，高等教育快速发展（特别是高职教育进入普及化发展阶段以来），新办高等学校形式多样，因此，需要重新审视高等教育规模扩张中新增部分（高职教育）的质量标准。

1.1.3　通才教育与专才教育质量观

高等教育培养通才还是专才的争论从来没有停止过。一方面，针对专业人才培养口径过于狭窄、专业过于单一的状况，有人提出"厚基础、宽口径、强素质"的综合性创新型人才培养改革，它更偏向于通才教育。另一方面，现代社会分工越来越细，社会职业仍然需要专才。实际上，社会对专才的要求不仅仅限于掌握一门至两门精湛的专业技能，还须具有广博的知识素养。社会要求高校培养专兼型人才，通识教育与专业教育兼顾，既要夯实基础，拓宽口径，拓展素质，又要强化专业知识和技能培养，尤其是动手操作能力训练。

通才教育与专才教育是两种教育理念。一方面，每一个生活在现实社会中的人，需要学习某种门类的知识，以顺利地求得生存和发展，这是专才教育观念合理性所在。另一方面，追求全面发展是人类自我创造的永恒之梦，必须以全面教育为前提，这是通才教育价值所在。这两种教育观并存，导致部分高校在二者之间进退维谷。

通才教育和专才教育不仅是两种教育理念，也是两种教育模式，并不存在优劣之别。人的发展有多维多向性，一个人可能成为有专精的通才，也可能成为有广博适应的专才。社会对人才的需求也是多元化的，通才或者专才都可以在社会中找到自己的位置。

通才教育和专才教育对应普通教育和专业教育，但两者不可割裂，普通教育是专业教育的基础，专业教育是普通教育的发展和深化。非专业性的普通教育培养出的人才缺乏专精特长，而非普通性的专业教育只能培养出缺乏创造性和适应性的"工匠"。普通教育和专业教育有机结合是高等教育改革的主题。

科技发展是分化与综合的统一，在不同的社会生产部门中，分化与综合的程度也不尽一致，这就决定了通才与专才培养都不可或缺。在科技综合发展突飞猛进的时代，人才培养的综合性问题日趋紧迫。高校人才既要适应当代自然科学和社会科学的综合发展，还要在具备高度知识水平的基础上全面发展，才可能掌握更高级、更尖端的专业知识和专门技能，在某一个科技领域有新的突破和开拓。尽管通才教育正成为潮流，但通才也不可能取代专才。通才教育与专才教育具有内在统一性，在教育实践中必须将两者有机结合起来，才能创立完整的教育体系。推动专才教育与通才教育模式统一，需要关注以下四个方面：

一是避免过早定向和专业化。推迟人才培养方向上的分流筛选，避免过度引用的职业岗位培训模式教学，即使是以专业培养为主的高等教育，也要加强人文通识教育、文化基础教育，在专业学习阶段，将人文教育融入其中。

二是加强课程的综合性和整体性。加强课程的跨学科性、跨专业性和整体性，开设"相互关联课程""综合课程"和"跨学科与超学科学习"课程。综合性课程必须结合基础知识学习，基础课是综合性专业课程学习的基础。

三是重视人文与社会基础性教育。加强基础课教学，除了专业基础课之外，还要设置教导学生"做事""做人"等基础内容的课程，使学生得到全面发展，增强社会适应性。

四是以专为主，专博结合。高等教育培养高级专门人才，但也要避免过于专业化。高校专业设置狭窄细密，培养的人才缺乏广泛适应性和创造性，会造成严重比例失调，有些专业人才培养过剩，另有一些专业人才奇缺。学生也会感到专业不对口、学非所用。

有限学校教育与无限知识增长的矛盾，在人才培养目标上，表现为普通教育与专业教育、通博与专精、通才与专才的矛盾。推行以专为主、专博结合的新型教育模式，能够克服通才与专才培养的对立，达成两者统一。

1.1.4 科学教育与人文教育质量观

科学教育与人文教育本质上并不完全对立，科学是人类用以战胜困难、改造社会的发明、发现，为人类更好地生存和发展服务，科学的产生和目标都是以人为中心。在人类文明发展历史上，科学曾经是人文主义者的重要知识工具。但随着科学在社会生活中的作用日益强大，科学主义高昂，以致学校教育受唯科学主义（唯理性）观支配，知识、能力、分数、学历成了衡量人才质量高低的唯一指标。但如果科学主义仅仅以理性指标评价教育，有可能让道德、价值、信仰等人文素养边缘化，呈现出单一、片面的质量标准观。因此，科学教育与人文教育必须并行。

2017年，国务院提出"充分发挥教育评价对科学育人的导向作用，把促进人的全面发展、适应经济社会发展作为评价教育质量的根本标准"[①]，它强调了教育本质是培养人的活动，据此，应从学生发展状况来评价教育质量。仅仅从学生的"学业达标情况"和"就业率"来评价教育质量，并不符合教育本身的要求。近些年来，科学教育质量观盛行，"高分低能""学历高能力低""知识水平高道德水准低"等问题随之而来，"钱学森之问"就是其中最有代表性的世纪之问。单纯的科学教育质量观并不符合科学本性，在科技高速发展的今天，要加强科学态度、科学精神等科学意识教育，采用更加先进、开放的教育质量观，关注人文教育在人才培养中所发挥的重要作用。

教育是把自然人培养成社会人的过程，是一个人格养成的过程，要为保障人人享有发挥自己才能、掌握自己命运的权利，提供必需的思想、判断、人文情怀和劳动等各方面的基本知识和技能。真正的教育不是为了读

---

① 国务院《关于印发国家教育事业发展"十三五"规划的通知》，国发〔2017〕4号。

懂专业知识以利就业，而是在受教育者的心中养成人文关怀和社会责任感。促进人的发展才是教育追求的终极目标与核心，人文教育质量观将质量评价的观察点放在激励学生独立思考、学术批判和科学求真上，发挥大学人文精神对人才培养、社会发展的支撑与引领作用，不仅仅在于知识传授和科技创新，更是追求人文关怀的终极价值，并成为人类社会公正与理想的源泉。

把狭义的创新能力培养作为唯一教育目标，往往会忽视人文精神和社会责任感养成，缺乏人文精神的教育和引导，缺乏对人生价值追求的思考，这是单纯科学教育质量观的副产品。大学在培养学生创新能力的同时，需要加强人文教育，坚持人文主义是大学人才培养的基本教育内涵，这样才能真正回应社会对高等教育的价值诉求。

人文教育质量观表现为代代相传的大学文化、教育理念和学术传统风气，以及学生社团活动、卓越教师的个人魅力、同学之间的交流、令人流连忘返的校园，也包括国家历史、文化、哲学、心理等人文社会科学教育和爱国主义教育，注重培养学生对历史和社会发展进程的理性思考，激励和发现当代青年人应有的理想主义精神和对人生价值的积极追求等。

人文教育质量观下的教育，还表现在师生互动过程，科学精神传播和人文素养感受，需要人与人之间的沟通与接触①。教育既是艺术，也是科学，但首先是艺术。教育能够激发学生的理性和激情，让学生豁然开朗，本身是一个缓慢、优雅和美妙的过程，不能有急功近利的心态，要引导学生静下心来把"书"读好，把"社会"读懂，养成批判性思维和引导社会的责任感，使他们逐步成长为有理想、有抱负、有社会责任感的人。提高教育质量不仅依靠每个教育工作者的深厚直觉和倾心付出，还要把关爱学生健康成长的感情融入教育教学过程中。

大学人文教育质量观的形成过程，也是大学文化和精神的培育过程，它为社会公众评价这所大学的人才培养质量留下传奇的故事，也是教育教

① 牛津教育：牛津大学导师制主要目的是实现课堂教学与个别教学的结合，导师制的一个重要意义在于其促进了学生与教师间积极的思想和学术交流，牛津大学的一对一的研讨式教学，能够充分地激发学生与教师之间的深入交流和探讨，有助于培养学生的独立思考、分析和辩论能力。

学质量的无形保障。大学作为社会理想、智慧、理性的存在，要有更宽阔的视野、更长远的发展，必须关注育人文化和大学精神的养成。

1.2 人才培养工作质量标准

1.2.1 人才培养工作质量

由于不同评价主体对于人才培养质量的内涵认识不一样，关于人才培养工作质量的界定也会不同。任何主体对质量的界定，都会受到主体立场的影响，超越主体立场的质量评价并不存在，也没有绝对真理的质量界定。因此，人才培养工作质量的定义，没有唯一正确的解答，只有在分析不同主体立场基础上，才能给出不同的质量定义。

界定人才培养工作质量的主体，主要有四类：国家政府、经济组织、教育（或学术）组织、受教育者（学生），它们对人才培养工作质量显然有不同的界定。

政府依据他们对高等人才培养管理的需要，通常会设定最低质量（基准质量）要求。他们把是否具备与标准或规格的一致性作为评判依据，以判定达标的程度①。这是政府治埋模式下最常见的一元质量评价。

经济组织将人才培养工作质量理解为满足服务对象（政府、社会、经济组织、学生等）需要的程度或能力②。这种界定更多受到市场经济的影响和制约，并主导了当前人才培养发展的主流意识和政策取向，影响社会大众对人才的选择，是一种外适质量观。

教育界从人才培养自身结构、功能和发展规律出发，把质量定义在实

---

① 如中国教育大辞典编纂委员会就将教育质量定义为"教育水平高低和效果优劣的程度"，"衡量的标准是教育目的和各级各类学校的培养目标。前者规定受培养者的一般质量要求，亦是教育的根本质量要求；后者规定受培养者的具体质量要求，是衡量人才是否合格的质量规格"。

② 国际标准化组织将"质量"定义为"一组固有特性满足需要的程度"。英国学者格林、国内学者史秋衡等人演绎出"所谓高等教育质量，是指高等教育的属性是否满足高等教育主体的需要及其满足的程度"。

现高校办学目标的有效性上①。人才培养工作质量就是相关的人、事、制度和文化质量，这些方面直接影响教学、管理和文化。这一质量界定的特点是难以量化，受主观理解和判断影响较大，质量评估具有较大弹性。

人本主义观点从受教育者（即学生）发展和成长的角度对人才培养工作质量进行界定。质量的本质就是满足个人发展需要的程度，这种质量观具有主观性和个体差异性，在高等教育规划管理中往往不被认同。

事实上，对于人才培养工作质量的界定，大多是上述观点的融合。由此看出，对于质量的不同认识界定，会导致不同的质量标准，以及不同的质量评价结果。厘清人才培养工作质量的复杂性，有利于透析特定质量概念的内涵，为质量标准制定提供原则。

高等学校内部质量保障体系是基于"人才培养质量是高校发展的生命线"理念建构的。进入21世纪以来，我国高等教育从大众化快速进入普及化阶段，对高校内部质量保障体系建设提出了新的要求。由于高校在校生数量的剧增，伴随而来的是师资力量和教学基础设施不足的问题。原有的教育教学理念、管理理念、资源分配方式，甚至原有的、传统的师生关系价值观，跟不上办学发展的要求。高等教育普及化与教学质量提高之间似乎出现了不可调和的矛盾，但高校又必须解决这道难题。

完善高校内部质量保障体系建设是高等教育发展的必由出路，也是普及化发展的必然要求。教学是高校存在的基础，质量决定高校的成败，文化决定高校的兴衰，内部质量保障体系是高校发展的重要推动力。当前，由于高校缺乏质量保证的内部动力机制，外部动力长期左右着学校工作开展。外部动力主要来源于政府机构的审核与督促，虽然在一定时期内，它们在推动学校建设上也取得了很大的成绩，但解决教学质量问题，根本上还是要靠高校自身。来自学校内部的重视与关注才是解决问题的关键，完善高校内部质量保障体系，重在建设周而复始、不断自我完善、循环上升的闭环系统。从这个角度来看，高校内部质量保障体系建设主要存在以下问题：

① 1995年，联合国教科文组织《关于高等教育的变革与发展的政策性文件》给出的定义是：高等教育质量是一个包括高等教育所有主要职责和活动的多层面的概念，最终取决于教学科研人员、课程与学生的质量，以及其基础设施和学术环境的质量。

一是质量保证制度不完善。虽然许多高校在质量保障体系建设上进行了探索，也取得了一些成绩，但这些探索大多源自政府推动，高校自主创新的内容很少。高校内部质量保障体系建设和运行没有实现制度化和常态化。学校只是根据国家或地方政府的政策，阶段性地针对外部评估开展质量保证工作。

二是质量保证制度内容不完善。学校内部质量保证制度往往围绕课堂教学展开，进行课程评价、教师评价、专业评价，并没有实现从"以教为中心"向"以学为中心"的转变，在办学理念、师资队伍、教学资源、培养过程与学生发展等方面，缺乏全面系统的质量保证机制。

三是质量标准设计不合理。许多质量标准对应的评价指标难以量化，具体方案的执行效力，在学院、专业或课程层面层层递减。评价过程静态化，没有实施基于教学常态的质量评价，缺乏提升质量的动态措施。

四是覆盖质量活动主体和过程不全面。学生整体素质培养和提升与学校各职能部门工作息息相关，各个环节工作都是教学质量的组成部分。高校内部教学质量活动涉及的主体不仅仅是教务处和各教学单位，全体教职工都是"全员育人"参与者，是教学质量的相关主体，因此，高校内部质量保障体系应涵盖学校全部教职工和学生，而不只是教师和学生。

1.2.2 教育价值观与质量标准

高校教育价值观直接影响人才培养工作质量标准[①]。在不同的价值观下，质量评价所采用的标准有所不同。教育教学工作质量评价，主要有以下教育价值观范畴划分：市场标准与学术标准、短期利益标准与长期利益标准、针对性标准与适应性标准、造就性标准与创造性标准、道德标准与能力标准等。

高等教育工作质量标准的复杂性，源于标准是一个多维度概念，涵盖了高等教育所有功能和活动，包括教学、科研、服务、师资队伍、基础设施、学术环境，以及学校的输入、过程、输出、使命、目标等。人们从不

---

① 王伟廉. 关于教学质量管理几个问题的再探讨［J］. 中国高等教育，2007（19）：19.

同的角度对质量加以理解和认识，就会形成不同的高等教育质量标准。美国学者约翰·布伦南提出过四种关于质量标准[①]的观点：

一是学术标准，它是由高等教育学科领域权威制定的标准，是依据高等教育学科自身发展逻辑来评价质量的标准。

二是行政标准，它关注高校管理状况，是从高校管理程序和组织结构来评价质量的标准。

三是教育学标准，它是以教学质量来认定教育质量，这种标准强调课堂教学方法和手段，重视教师教学能力。

四是就业标准，它关注高等教育满足学生需要的状况，主要通过毕业生和用人单位调查来评价高校外部适应性的标准。

高等教育在其发展的几百年历史中，经历过精英、大众、普及化不同阶段，因此，就有了不同阶段的发展性质量标准。不同国情、文化、社会制度会导致不同的教育价值观。质量观也与政治、权力相关，这一点可以从利益相关者对教育目标的定位要求，看出不同质量观的根源所在。

高校是实施高等教育的社会组织机构，虽然在相当长的时期内，其作为社会象牙塔存在，但随着社会角色的改变，高校逐渐成为各种利益相关者关注的焦点和各种矛盾集中的地方，教育质量越来越受社会因素影响。但由于各种社会利益相关者对高等教育的要求不一致，他们各自表达自己对教育质量的要求，也就形成不同的质量观下的质量标准。

事实上，正是由于不同利益主体对高等教育质量要求不同，高校被分成不同类型、不同层次，以承担不同利益主体的要求，这也导致不同层次类型高校有不同质量定位，形成社会利益主体与高校在质量标准上两两对应的关系，高校以不同的质量方式来满足不同层次类型的质量要求。

在现代高校出现的几百年中，尽管对于人才培养质量的评价受到各种社会政治、经济和文化等外部环境因素的影响，但学校教育工作者一直还在坚持教育自身价值下的质量观，以抵抗外部质量观对教育自身质量标准的干扰，展示了高校"独立之精神、自由之思想"的背影。捍卫高等教育

---

① 约翰·布伦南. 高等教育质量管理 [M]. 陆受华，等译. 上海：华东师范大学出版社，2005：247.

的自身价值，是教育工作者的荣誉和信念，这种信念让教师看到自身价值所在，并抵制教育完全沦为服务社会政治的工具。他们为教育自身价值的抗争，在高等教育史上也留下过许多可歌可泣的故事。正是教育工作者的努力奋斗，让教育自身质量标准能够存在，并鼓舞高校教育工作者为教育事业工作。

受高等教育服务于社会需求观念的支配，有观点认为高等教育质量标准必须体现适应性，把社会适应性作为衡量质量的第一尺度，关注学校是否将社会期望落实于学校行为之中。传统观念中，高等教育主要服务社会长期目标和需求，包括传承文化和保护环境等，这与以服务职业为目的的职业教育存在相当的差异。在教育服务社会生产劳动观念下，对社会需求、市场需求、用人单位需求、第一线岗位需求、学生需求的适应能力，越来越成为衡量高职教育质量的主要标准。近年来，职业教育能力质量观盛行，任务本位能力观、整体主义能力观和整合能力观等观点纷纷涌现。如果将高职教育定位于满足市场需求，把适应市场变化的能力作为其评价标准，其特征就表现为市场适应性和功利性目标追求。

相比高等教育质量标准研究的关注点集中在实践性上，国内对于大众化（普及化）阶段的质量标准研究，更多地指向质量标准的价值取向。当下，越来越多的人把高职教育质量指向满足其顾客（用人单位）要求的程度。这种要求体现在高职教育的产品（高职学校毕业生，或课程与专业）满足用人单位的程度，就其核心内容而言，是毕业生满足社会及课程满足受教育者需求的程度，它可以用一组参数或指标体系来加以体现。

教育质量标准为课程开发提供依据，标准是课程开发的指南，课程是标准的具体化，有什么样的质量标准，就会有什么样的课程模式，这就是质量保证体系中的"双标融合"，即把质量标准与教学标准有机融合。质量标准是评价质量的首要前提，可以从培养目标和培养规格两个层面，探讨人才培养工作质量标准。以高职教育为例，在相当一段时间内，人们认为影响高职教育质量的几个关键性因素是：传统学科体系的影响未能彻底消除，校企结合、工学结合的措施流于表面，办学条件不能适应人才培养要求。高职教育和普通高等教育的差异关键不在于层次高低，而在于实践性、技术性或应用性要求显著不同，因此要以人才培养模式创新来带动高职教育质量标准嬗变。在产教融合、工学结合理念指导下，校企合作、产业学院、学徒制培养、1＋X证书、课证融合等各种职业教育人才培养创新模式，成为推动质量标准嬗变的有效举措。

教育工作质量标准是衡量教育优劣程度的准则，从人才培养过程特点来看，质量标准可以分为规格性、特色性和动态性。其中的动态性是指教育质量标准处于不断变化之中，即使是国际公众认可度比较高的质量标准，也不会是最高标准，而只是基本标准或阶段性标准，高校管理者必须具有追求卓越的理念，不断调整目标和质量标准。质量标准制定可以通过引入"基准"（标杆）概念，研究学校如何达到质量标准，从而掌握影响人才培养最为关键的因素。比如，当本校与标杆学校有同样高的标准，而且有可能超过它们，针对性的研究有助于学校达到竞争对手的标准。高职教育是关于技术理论与方法的教育，故质量标准制定的理论依据应有其特殊性。在制定高职教育的质量标准时，应明确核心是什么，然后再确定质量标准。

1.2.3　质量标准编制原则

质量标准是制定质量评估指标体系的依据，对于质量标准的讨论，是确定质量评估指标体系的前提。有什么样的质量标准，就会有什么样的指标体系，也会带来相应的质量评估及质量保证效果。高等教育质量标准至少包含外适标准和内适标准两个层面。外适标准是外显的，往往由政府组织、经济组织或代表社会的中介组织主持制定，表现出统一性、客观性和易操作性；而内适标准隐藏在高等教育活动和学生个人体验中，是一种内隐结构，只有专家或当事人才能把握和评判。因此，制定人才培养工作质量标准，必然涉及制定主体、制定依据和应遵循原则等几个要件。

质量标准的制定主体有三类：政府、社会组织和教育机构。政府是制定质量标准的政治主体，体现政府在高等教育质量管理中扮演的角色。社会组织与教育机构也从不同角度提出质量标准。高校学术自由非常重要，应该为自己的质量负责。在这种理念指导下，强调自律和内适性，这是学校自主制定校本质量标准的原因。

制定质量标准受质量观影响，精英阶段和大众化阶段的哲学基础不同，前者以认识论为基础，后者向价值论倾斜，高等教育质量需要在工具理性与价值理性之间寻求平衡。由于质量具有主体多样性和价值多元性，因此，在不同的阶段，针对不同类型的高等教育，质量标准的依据也不同。

制定质量标准须遵循国家法律法规，规范高校教学、科研和社会服务，符合经济社会效益要求，提高高校在经济社会的贡献率和竞争力；遵循办学或教育规律，高等教育质量具有特色化、差异性和多样性，尊重学术传统、文化积淀和自主发展。质量标准要体现尊重主体（学生）的发展需要，根据教育质量是否满足这种需要，以及满足需要的程度来评判其优劣、成败、得失。

制定质量标准应当遵循标准的系统性、规范性、权威性、可操作性、稳定性与发展性相结合，统一性与多样性相结合，定性与定量相结合以及主体多元化原则。

多样统一原则。首先，多样性质量标准是高等教育大众化的必然要求，大众化发展前提是多样化，多样化的高等教育要有多样化培养目标和规格，从而导致多样化教育质量标准。不能用同一个指标体系来评价办学指导思想各异、培养目标不同的高校。研究型大学和教学型大学、重点高校和一般院校、普通院校和职业院校、综合性大学和单科性院校等，在质量评价指标上应该有很大不同，多样性质量标准已经成为高校共识。其次，质量标准的统一性要求也是必不可少的。虽然不能用精英阶段学术取向的质量标准来规范大众化高等教育，但是多样化不是随意化，不能没有基本质量标准。质量标准是多样性与统一性相结合，多样性质量标准是高等教育大众化的必然结果，统一性质量标准又是保证教育质量的迫切要求。

发展性原则。高等教育质量标准的建构既是一个历史过程，也有现实针对性。随着社会以及高等教育自身发展变化，教育质量观经历了合规定性、合需要性、合发展性三个阶段，质量标准内涵不断丰富和发展。在强调高等教育国家属性时期，国家制定一个合格标准，高校依据国家质量标准来培养合格人才。但由于国家、社会、用人单位、学生个人对高等教育的需求和期望各异，不同类型、不同层次的高校必须具有多样化教育质量标准，才能满足多样化需求。因此，要用发展的眼光来看待高等教育质量，评价质量的标准也应该是发展的、动态的，而不是一成不变的。

人本性原则。现代高等教育虽有教学、科研和社会服务三大职能，其核心仍然是培养人才。从这个角度来讲，质量标准首先是育人的标准。2009年世界高等教育大会公报《高等教育与研究在促进社会变革和发展中的新动力》第21条指出：质量标准必须反映高等教育的总体目标，特别是注重学生的批判性与独立性思维、终身学习能力的培养，并要求我们充分认识到吸引和留住合格、专业且敬业的教学及研究人员的重要性。由此可见，质量标准不但要考虑学生，也要重视教学研究人员，以人为中心，反映人的需要，突出人的地位，促进人的发展。

1.2.4 质量标准编制方法

职业教育质量标准编制对应于职业能力标准开发，基于对毕业生未来职业环境所需要掌握的职业能力分析，形成职业能力标准。在不同的职业能力观下，质量标准编制方法也不尽相同。质量标准制定方法主要有两种：

一是任务分析法。通过论证特定岗位工作人员所执行的任务，对职业岗位工作任务、职责范围、知识技能要求、工具设备材料与条件、环境等方面做出分析，确定职业岗位工作的性质、内容，以及承担该项工作所需的知识和技能，从而设计专业人才培养规格。任务分析法编制质量标准可分为五个步骤：查阅有关文献、设计职业调查表、选择样本进行抽样调查、分析所收集的信息，由此确定职业岗位工作标准，制订人才培养方案。

二是功能分析法。以产出或结果为导向，从就业环境对工作角色期望的角度，把职业能力的非技术和不可预测要求都概括进去，使能力标准真正体现特定情景中知识、技能和态度。功能分析法是从顶层总目标出发，逐层确立各级子目标，然后根据达到目标所需的知识、技能以及相关能力要求，确立标准的范围、内容和程度。

ISO 9000质量管理体系强调过程控制和质量改进，教育工作可以借鉴ISO 9000质量保证理念，正确界定院校的产品和顾客，认识教育服务过程和规范化质量管理，构建人才培养质量管理体系。

当下，教育界的主流观点倾向于以政府为主导来制定质量标准和认证机制，多数高校也期盼政府加紧制定与国际接轨的质量标准和认证制度，其理由是维护国家教育质量标准的统一性，以引导高校办学向国家、国际标准看齐。但这种倾向的副效应是学校的独立性和主体性削弱，长此以往，学校对于政府的依赖性越来越强，逐步丧失引领社会的功能。

为发挥高校在人才培养中的主体作用，应该更重视校本质量标准编制，以此为抓手，强化高校办学自主性和特色培育。制定高职教育质量标准，通常需要经过以下几个阶段：

（1）确定培养目标；

（2）职业工作和能力分析；

（3）标准设计与描述；

（4）标准分析与评估。

其中每个阶段可以细分为若干步骤或环节，这些步骤或环节相互交叉、渗透、作用和反馈。在质量标准中，除了标准设计，还包含质量分析与评估，以及将分析与评估结果反馈到目标修订，从而引起质量标准改进。将质量标准修订过程分阶段阐述，是对实际过程的简化，以便对每一具体阶段做更详细的分析。

职业能力可划分为基础能力、核心能力、职业（岗位）能力和终身发展能力，其中，基础能力包含读写能力、计算能力、公民资格、社会技能、学会学习的能力、共同解决问题的能力；核心能力是指在以上能力基础上的个人能力、集体能力、组织能力和领导能力；职业（岗位）能力包含普通职业能力和特定职业能力，主要由专业核心能力、职业发展能力和社会化能力组成，既强调岗位能力培养又重视夯实学生的专业基础知识和提高自主学习能力，社会化能力的培养可以保证人与社会和谐地相处。

职业能力组合直接影响到课程组合，不同课程组合会培养不同能力。专门职业能力培养由专门职业课程提供，工作实践经验能力培养由职业实践课程提供。这两种课程在性质上属于专业课程，旨在为学生就业提供专业准备或适应解决某些实际问题的需要。

高职教育质量标准的逻辑体系包括职业能力及相关知识、普适性能力及相关知识、学术能力及相关知识。职业能力及相关知识是体现高职教育质量的核心内容，普适性能力及相关知识与学术能力及相关知识则是衡量其质量的一般标准。质量标准为高职课程的开发提供了基础，是课程设计的指南，课程则是质量标准的具体化。这也是"双标融合"的实质内涵。

质量标准逻辑体系的基本框架是对相关职业能力及其知识要求的价值

取向与序列，它规定了学生在毕业时应该具有的能力结构体系及其对应的课程框架，不同地区、不同专业培养方案具有不同的结构和内容。

1.3 人才培养工作质量保证

1.3.1 质量评价之依据

在市场标准取向前提下，教育质量鉴定可采用内部评价和外部评价的互动统一。内部评价是院校自身主导的评价，学校依据自主设定的人才培养目标，评价毕业生培养目标达成度。外部评价是指政府、社会评估机构和用人单位等对高校教育的评价。高校应重视用人单位对人才培养质量的意见，建立人才培养质量跟踪和反馈制度。根据用人单位的意见，及时调整课程设置和教学计划，使人才培养更好地满足市场需求。

有学者认为应给予质量标准以一定的弹性，以学生发展程度（即再生能量的大小）来评判教育教学质量。高职教育质量应从高等性、统一性和职业性三个方面进行衡量。前两个特征可由国家教育主管机关做出统一规定，它有利于接受各类高等教育的学生具有基本的质量水平。教育同社会需要、市场需求的结合程度，直接关系到它的生命力，因此，教育质量要接受社会（特别是用人单位）的评价。

但若缺少从高职教育自身发展的视角去研究教育质量标准，过度服从社会需要，也有可能导致教育质量及其管理功利化取向。大众化阶段的教育需要什么样的质量标准？当前高职教育质量观和质量标准，主要借鉴普通高等教育的成果和理论研究，缺少从高职教育自身视角（技术论和人才结构理论视角）研究质量问题。高职教育质量标准应有学术性和职业性两方面导向，而非单纯学术性导向或职业性导向，不能仅仅用学术标准来衡量教育计划内容，还要从职业针对性角度去评价。

高职专业人才培养规格，主要是指高职人才所需具备的能力及其结构，指导思想和教学目标是帮助学生获得相应职业领域的能力，因此，教学计划、课程内容及质量评价应以帮助学生获得能力为导向，质量标准也应针对专业人才培养需求来制定。承担质量评价职责的社会评估机构，要意识到不同规格人才培养质量标准的差异，提高质量评价客观性。

反省质量标准的教育价值取向，有助于从学理的角度揭示问题关键所在。关于教育质量标准的分类、质量标准和评价模型的制定，以及具体参数和权重值的确定，不但要反映教育部门的要求和利益，还要反映实际生产部门和劳动者的要求与利益。质量标准要随着生产力发展和技术进步而做出相应变动，从结构上突破传统学科体系框架和特征，结合职业要求构建质量标准。

保证教育质量持续提升，必须建立一个包括内部管理与外部监控在内的质量保证体系。具体来讲，就是要不断完善质量评价标准、改进评估方法、强化质量评价规范。教育质量保证作为一个复杂系统，需要在教育观指导下的顶层设计，以使用系统化的思维处理好各种目标关系。

1.3.2 产教融合促进质量保证

确定教育质量保证着力点，关键是要找到质量保证问题所在。职业教育高质量发展是基于经济高质量发展、职业教育体系完善、高等教育普及化的现实逻辑。其中，经济高质量发展是外部动因，职业教育体系完善是内部动因，高等教育普及化则是现实需求。尽管外部力量在质量建设中发挥着重大作用，但教育质量保证终究要走上内涵发展的道路。

经过 20 多年的发展，我国职业教育在人才培养、服务发展、技术研发、技艺传承等方面取得了明显的进展，成为国民教育体系和人力资源开发的重要组成部分。但在提高人才培养质量、提升社会服务能力上，仍滞后于产业转型需要，行业企业参与职业教育动力不足、职业教育体系不完善、人才质量标准不明确等问题，制约了职业教育的社会贡献。

近年来，产业组织方式变革对人才质量提出了更高的要求。随着产业转型升级步伐加快，生产方式和工艺流程快速发生变革，传统的工作岗位迅速消失，一些新职业、新业态快速形成。高级工程师、高级技师等高层次的专业技术人才需求存在较大缺口，成为现阶段我国劳动力市场中的主要矛盾。

职业院校人才培养特征之一是跟随行业企业需要。伴随着技术的快速发展，企业产品生产更新换代加快、经营管理理念不断更新。相对而言，职业院校人才培养周期较长，学生在校期间学习的知识技能极易被新的岗位要求淘汰，学校人才培养滞后于行业企业需求，迫切需要加强校企合作，注重学生综合能力的培养，特别是迁移能力、解决问题能力和创新能力。

解决问题的关键是人才供给侧与需求侧有效沟通，以消除职业教育人才供给侧和行业企业需求侧存在的割裂，人才培养的规模、结构、质量才能满足劳动力市场需求。加快构建畅通的信息共享机制和供需反馈机制，有助于改变人才供给侧与需求侧之间缺乏有效沟通的状况。

没有行业企业参与的职业教育，不是真正意义上的职业教育，行业企业参与职业教育的程度，直接影响人才培养质量。当前面临的一个主要障碍是行业企业参与职业教育动力不足、积极性不高，缺乏校企深度合作的基础。这与两个行业社会性质不同直接相关，企业是营利性组织，收益是组织行为产生的根本动力，而职业院校是公益性组织，制度安排决定了其不以营利为主要目的，缺乏服务企业的能力，在技术研发、工艺优化、流程再造等方面存在短板，这加剧了矛盾。企业作为营利性社会组织，社会对企业的评价主要基于经济贡献，常常忽略其对于社会责任的承担。

提高企业参与的积极性是破解深度产教融合难题的核心。企业与教育存在于两个完全不同的界面，企业参与产教融合的动力不是培养多少人才，而是能够取得多少利润。同样，学校基本职能是培养人才，营利也不可能成为学校的核心职能。只有双方目标都能够达成，产教融合人才培养才有持久生命力。

产教深度融合要求将学校和企业的资本、技术、知识、设备、场地等要素进行整合，发挥不同性质主体在人才培养中的优势。比如，校企共同开发教学资源，实现资源共建共享，促进行业企业生产要素融入人才培养，形成社会多元办学格局，同时，还能提高企业生产效率和市场利润率。校企双方共同搭建产教融合平台，提升高职院校科学研究和社会服务能力，成为行业企业产品设计、工艺优化、流程再造的重要支持者和参与者。近年来，政府推动建设校企协同创新中心、产业学院等合作平台，促进技术技能积累，推动创新成果与核心技术产业化，培育学校与企业发展命运共同体。校企协同打造"双师型"师资队伍，专业教师来源于有企业工作经历的专业工程技术人员，通过特招特聘、柔性引进、项目研究等方式，引进高层次企业专业技术人才，双向促进行业企业与职业院校间人员流动，建设"双师型"师资队伍。

1.3.3　内部与外部质量保证

高质量教育基于学校内部质量标准的制定和控制。没有有效制定和控制内部质量标准，职业院校的专业建设、课程开发、课堂教学、实习实训等方面的质量保证难以持久；相对而言，作为学校外部组织的教育主管部门、行业企业、第三方机构的教育质量评价，对职业教育的质量也会起到一定的推动作用，但不是决定性的根本因素。

专业认证是国家对高等教育进行外部专业评价的基本方式。某一专业通过专业认证，意味着其毕业生达到行业认可的质量标准。教育部高等教育教学评估中心和中国工程教育专业认证协会组织高校工程技术类专业认证工作，通过专业认证，标志着这些专业的质量实现了国际实质等效。

2016 年，我国正式加入国际工程教育《华盛顿协议》组织，标志着中国工程教育质量认证体系实现了国际实质等效。作为《华盛顿协议》正式成员，中国工程教育质量认证的结果得到其他成员国（地区）认可。借鉴工程教育专业认证，可以减少非教育和学术因素对专业建设的影响。通过专业认证的毕业生在《华盛顿协议》成员国家和地区申请工程师执业资格或申请研究生学位时，享有当地毕业生同等待遇，这为中国工科学生走向世界提供了国际统一的"通行证"。

学校作为质量保证的主体，编制具有本校特色的质量标准。国家专业教学标准是政府推动职业教育现代化的重要举措，近年来，教育部已经反复几轮编制和修订职业教育专业教学标准，为职业院校编制校本专业质量标准提供参考。但不同院校所处区域的经济发展差异较大，办学基础不同，各校需要制定适合自身发展的专业教学标准，以强化对专业教学标准等的执行和落实。

校本质量标准可以参考外部评价标准，但更要关注行业企业对学生满意度评价。职业院校人才培养的出发点和落脚点是服务经济社会发展和学生个体成长成才，可以通过政府主管部门、行业企业、第三方机构等进行跟踪调查和人才评价。目前，监测职业院校人才培养质量的主要途径有政府主管部门绩效考核、第三方机构综合排名等，但行业企业对毕业生满意度、薪酬待遇、职务晋升等，才是衡量职业院校人才质量的关键指标。评估机构的评价往往缺乏评价关联和系统设计，这就需要对人才培养质量评价进行顶层设计，凸出行业企业在人才评价中的作用，梳理现有评价指标体系，构建具有指导意义和评价功能的标准。

走国际化发展路子，开展全方位、多渠道职业教育国际交流与合作，是我国职业教育高质量发展的重要表征。在职业教育国际合作中，学校可依托"鲁班工坊""丝路学院"等载体，开展特色化、多样化国际合作，联合境外投资企业、海外高校及其伙伴企业，参与"一带一路"沿线国家和地区项目建设，以此为纽带，构建多元化教育合作机制。在开发课程、教材、专业标准等方面，引进国际优质教育资源，丰富国际化人才培养的项目载体，在为世界职业教育提供中国特色方案的同时，也引进国际人才培养质量评价方法。

1.4　工程技术类专业质量标准

1.4.1　专业设置背景

关于工程技术类专业人才培养工作质量标准编制，高等工程教育界已经有了一定的基础，主要是基于国际工程教育协议（包括四年制工程教育的《悉尼协议》、三年制工程教育的《华盛顿协议》、两年制工程教育的《都柏林协议》）所提出的基本标准要求。国际工程教育协议是基于工程技术类专业人才培养共性，对工程技术类专业人才培养提出的基本要求，也为专业质量保证指明了方向。

专业设置应对接国家和地区、行业经济建设需要，适应科技进步和社会发展需要，符合学校自身条件和发展规划，有明确的服务面向。专业设置应通过充分论证，有相应学科依托，专业口径、布局符合学校定位。学校结合自身条件和发展潜力，确定一定时期人才培养的目标、层次、类型和主要服务方向。

工程技术类专业须具有明确培养目标，符合学校办学理念。毕业生必须达到以下知识、能力与素质的基本要求①：

（1）具有较好的人文社会科学素养、较强的社会责任感和工程职业道德；

（2）具有从事工程工作所需的相关数学、自然科学知识以及一定的经济管理知识；

（3）具有综合运用所学科学理论和技术手段分析并解决工程问题的基本能力；

（4）掌握必要的工程基础知识以及本专业的基本理论、基本知识；

（5）受到本专业实验技能、工程实践、计算机应用、科学研究与工程设计方法的基本训练；

（6）具有创新意识和对新产品、新工艺、新技术和新设备进行研究、开发和设计的初步能力；

（7）掌握运用现代信息技术获取相关信息的基本方法；

（8）了解与本专业相关的职业和行业的生产、设计、研究与开发的法律、法规，熟悉环境保护和可持续发展等方面的方针、政策和法律、法规，能正确认识工程对于客观世界和社会的影响；

（9）具有一定的组织管理能力、较强的表达能力和较强的人际交往能力以及在团队中发挥作用的能力；

（10）具有对终身学习的正确认识和学习能力，具有适应发展的能力；

（11）具有国际视野和跨文化交流、竞争与合作能力。

为达成上述要求，招生工作须能够保证较多数量与较高质量的生源，毕业生在就业市场具有较强竞争力，社会和用人单位对毕业生的评价较高，毕业生去向与本专业的培养目标基本吻合。

---

① 《华盛顿协议》于 1989 年由来自美国、英国、加拿大、爱尔兰、澳大利亚、新西兰六个国家的民间工程专业团体发起和签署。该协议主要针对国际上本科工程学历（一般为四年）资格互认，确认由签约成员认证的工程学历基本相同，并建议毕业于任一签约成员认证的课程的人员均应被其他签约国（地区）视为已获得从事初级工程工作的学术资格。2016 年 6 月 2 日，中国成为国际本科工程学位互认协议《华盛顿协议》的正式会员。

1.4.2 课程体系与教学设计

从专业人才培养角度来看，工程技术类专业人才培养体系应包括与专业相关的基础学科和专门学科知识体系、引入社会实践工作岗位标准、在社会实践中培养学生实践工作能力、关注所学专业对社会环境的影响、教学环境条件和师资队伍要求等。另外，专业人才培养质量形成于人才培养全过程和全要素（比如，环境条件、专业定位、课程体系、培养过程、质量管理等），构建工程技术类专业质量标准体系应涵盖上述要素。

由于工程技术类专业人才培养特点，课程内容和教学实施路线可以有一定的标准化设计，"学以致用"在相当程度上左右了教学内容选择和考核方式。在专业课程体系设计中，注重培养学生人际沟通、科学理性思维、团队合作、规范标准应用等方面的能力。

课程设置服务于专业人才培养目标，一般应包括人文社会科学课程、数学与自然科学课程、外语课程、信息技术基础课程、工程基础课程、专业课程等。课程体系设计应有企业或行业专家参与，满足培养企业和社会所需的专业人才的需求。除此以外，还要有完善的学生学习指导、职业发展规划、就业指导、心理辅导等方面的措施，并能够在专业人才培养过程中执行落实。

专业应该为学生搭建良好的科技创新活动平台，开展与专业相关的科学研究和社会服务工作，并有措施鼓励广大学生积极参与。高校科研工作是人才培养不可缺少的组成部分，通过依附于课程的科研工作，完成课程学习任务，是大学生重要课程学习模式，也是高校科研工作对教学的反哺。依据《质量标准》[①] 构建培养目标导向课程体系，主要包括以下三个方面：

一是教学流程设计。

培养目标导向的教学流程设计是：行业需求→培养目标→毕业要求→课程体系（内容、方式、资源）。

（1）根据行业需求和专业自身积累，确定本专业的培养目标；

---

① 见附录1"广州城市职业学院专业人才培养工作质量标准及质量保证体系（框架）（工程技术类）"。

（2）围绕培养目标，确定毕业生须达到的学业指标；

（3）依据学业指标要求，设置课程体系；

（4）根据课程体系对各指标点的满足情况，实施培养目标达成度评价与分析，完善课程体系。

培养目标是毕业生能力要求、课程体系设置的依据，规定毕业生所应具备的知识、技能与素养。专业培养目标定位的常用表述形式如下：

××专业面向×××区域、×××产业，培养掌握×××的核心基础理论、专业知识和实践能力，具有创新意识和国际化视野的高素质技术技能人才。毕业生应掌握×××知识、×××技能、×××素养，可在×××等领域就业，还可以在与×××相关的×××等多种行业中就业，具有×××职业发展前景。

二是课程体系设计。

课程体系围绕毕业生能力要求设置，毕业生能力要求则由培养目标确定。《质量标准》在总体上对毕业生提出知识、技能、素养三个方面基本要求，专业可根据自身特点进行扩充和完善；还可以考虑知识体系建构，以及技能和素养培养规律，进行细化，如图 1 - 1 所示。

三是课程教学内容与方法设计。

课程教学内容与方法设计，决定了课程对专业培养目标的支撑。课程教学内容与方法设计应紧密围绕培养目标的各项指标，以学生发展、学生学习和学习效果为中心，进行有针对性的详细设计。比如，基于工程技术类专业质量标准的毕业要求包括：

（1）工程知识：学生掌握用于解决复杂工程问题所需的相关科学理论及工程技术原理与知识。

（2）问题分析：学生能够对复杂工程问题中涉及的材料进行成分、组织与性能分析。

（3）设计/开发解决方案：学生在设计解决方案时，具备选择适用材料、确定工艺路线的能力，并在此过程中体现创新意识。

（4）环境和可持续发展：使学生能够了解项目对社会可持续发展的

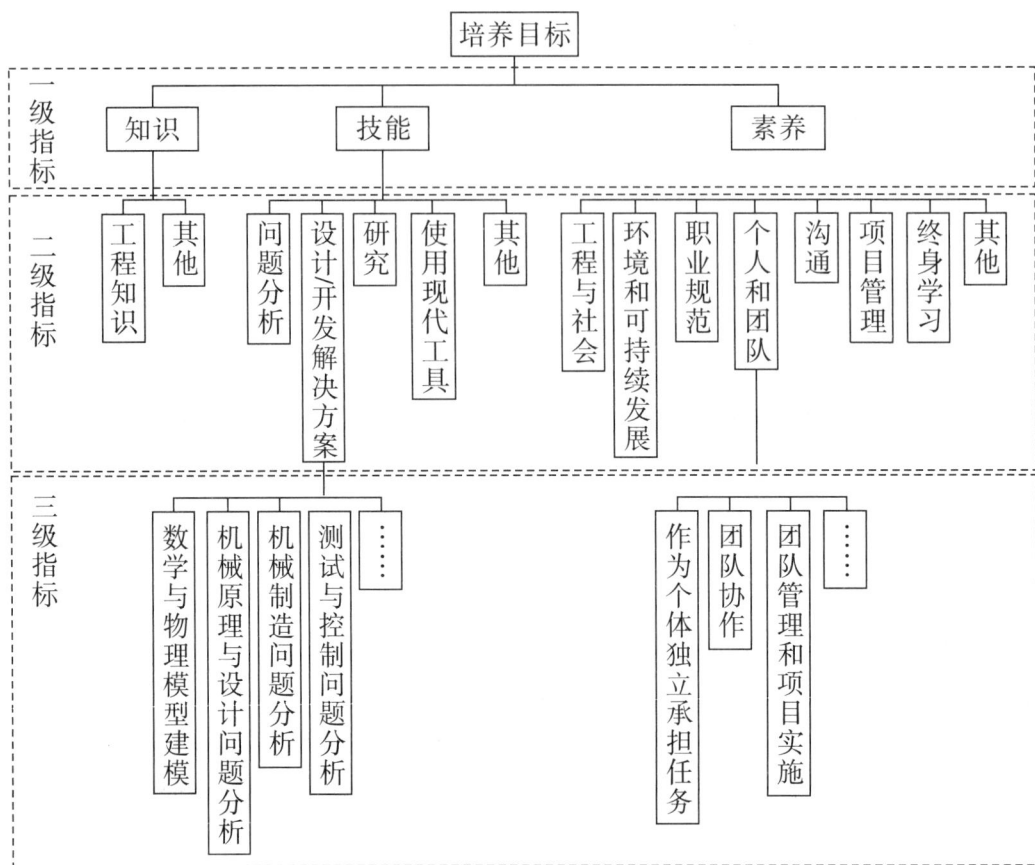

图 1-1 课程体系设计

影响。

教学方法设计依据"以学生发展、学生学习和学习效果为中心"原则，实施"课上课下相结合、课内课外相衔接"教学方式。具体举措如下：

（1）根据课程讲授进度，布置课程学习项目，为学生提供问题分析、方案设计与开发能力的培养和训练；

（2）对于课程重点、难点和所涉及的前沿性内容的学习，采用课上课下相结合学习方式，先课下学习，再课上研讨，提高学生学习的自主性，激发学习动力；

（3）在实践环节方面，采用项目化课程设计，加深对工程知识的理解与掌握，提高问题分析及设计与开发解决方案的能力，提高学习效果。

1.4.3 办学基本条件

专业师资队伍应具备满足教学需要的教师数量，以及符合专业现状和可持续发展所需要的结构。工程技术类专业须有一定数量具有工程经历的教师或企业专家作为专兼职教师。学校要为教师发展提供机会和条件，促进教师素质持续提升。专业有合理的教师梯队，有专业教师队伍进修、科研和发展规划，以及培养青年教师的机制。教师在完成教学任务的同时，从事一定的工程实际问题研究。

专业教师既要具备扎实的理论功底、清晰流畅的表达能力和科学研究素养，更要具备较强的实践能力、团队合作精神、组织管理能力和教学创新能力。如何提高教师实际工作能力？不同专业各有适合专业特点的不同训练方法。比如，管理学教师可以到企业进行实践，公共政策的教师可以到政府的政策研究室实习，人力资源管理教师可以到人力资源管理部门挂职，马列主义公共课的教师可以到政府宣传部门挂职，财务管理教师可以在财务公司或相关事务所挂职等。参与相关部门工作，承担一定的专业岗位责任，能够增强教师实践工作经历，有效提升他们运用理论解决实际问题的能力。

专业办学经费有保证，能满足教学需要。教室、实验室、实习和实训基地及相关设施在数量和功能上满足教学需要。专业与企业合作共建实习和实训基地，为学生提供参与工程实践的平台。专业具备满足教学科研所必需的计算机、网络设施以及图书资料等条件，能够满足教师的日常教学、科研和学生学习所需，资源管理规范、共享程度高。

专业具备产学研结合办学条件，有稳定的产学研合作伙伴，并在人才培养过程中发挥良好作用。实践性教学是在完成专业理论教学基础上，将专业问题生活化、情境化和社会化的教学过程，旨在指导学生参与社会实践、动手操作和探究式思考，发现问题并习得解决问题的方案，从中体验理论与实践之间的关系，为学生在未来工作中运用所学专业知识打下良好基础。实践性教学不仅是教学方法和教学环节，更是人才培养模式。实践教学是专业开放办学的具体表现，将教学地点向实际工作环境和社会情境迁移，在实践中促进理论知识转化和拓展，学生成为教学活动的主体，通过自我思考和自我评估，帮助学生摆脱课堂物理空间和教师主导下的思维领域羁绊，萌发出新的思想和观点。

专业还要与企业合作，建立完善的实践教学体系，开展实习、实训，为学生提供参与工程实践的机会，使学生在自主、动手、综合、实验和创新能力等方面得到一定的锻炼。毕业设计和毕业论文考核应有企业专家参与，选题要尽可能结合工程实际问题，使学生能够在解决实际问题的过程中，学会应用所学知识，同时考虑经济、环境、伦理等各种制约因素。毕业设计或毕业论文应凸显综合训练功能，培养学生的工程意识、独立解决问题能力和协作精神，尤其要培养学生创新意识和能力，鼓励新思想、新改进、新发现。

1.4.4 专业学习评价

建立较完善的内部质量监控和评价机制，包含对教师教学和学术水平、专业软硬件建设、学习环境、学生素质、学生科技创新活动、日常管理运行情况的评价，有明确的内部质量控制指标体系和标准底线要求，有效开展质量评价活动与改进。

建立人才培养相关利益方参与的外部评价机制。社会对专业人才培养质量有较好的评价，专业具有一定社会影响力，是专业人才培养工作质量评价的重要观察点。外部评价主要包括专业人才需求、学生终身教育与职业发展、就业单位对该专业毕业生工作状况的反映、社会舆论对该专业评价等。

教学管理文件和规章制度完备，有管理规范的各类教学档案、符合专业培养目标的人才培养方案（培养计划），并在教学过程中能严格贯彻执行。各门课程有教学大纲、教材、教学指导书等文件，且具有科学性、合理性、完整性，并能够根据实际情况及教学质量评估及时更新。专业以教学标准落实质量标准，能在教学过程中严格执行。建立教学质量评估制度，定期进行教学质量评价，并有毕业生跟踪反馈机制。

基于《质量标准》，应采用标准导向的学习效果评价方法。比如，采用量规（rubric）评价，以课程考试（考核）来评价教育教学质量，不仅是对一个阶段学习的完结性最终评定，而且可以了解学生知识掌握程度，定量评价学生对问题分析和研究能力，分析毕业生能力标准达成情况，寻求教学效果与学习效果持续改进的途径。量规是一个评分工具，它为一个作品或其他成果（比如一篇文章的观点、组织、细节、表达、布局等）列出标准，并从优到差做出划分，明确描述每个标准层级的水平。实践性学习课程承担的任务不仅仅是对知识的理解和掌握，还有相关能力和素养的培养。量规评价可以全面反映学生学习效果，分析学生在能力与素养方面的优势与不足，找到努力与改进的方向，达到促进学生发展、改善教学质量之目的，实现教育质量持续改进。

案例：《机械制造训练》量规评价

《机械制造训练》是实践必修课，课程内容围绕减速器产品的设计、制造、装配、检验，为学生提供综合性训练，不仅可以检验学生对知识的掌握程度，更重要的是可用于工程技术人员在能力与素养方面的训练。课程对毕业要求的支撑包括：

（1）设计/开发解决方案：设计产品及核心零部件的加工工艺流程。

（2）环境和可持续发展：理解和评价材料以及毛坯和零件的成形与加工过程，以及对环境可持续发展的影响。

（3）个人和团队：个体独立承担给定任务，并具有团队协作意识、团队管理和项目实施能力。

（4）沟通：绘制工程图纸、编制工艺卡和撰写报告，并与业界同行进行有效沟通和交流，通过答辩陈述。

（5）项目管理：通过零件毛坯材料选择、制造、采购、外协加工、产品质量控制、生产组织及人员管理等环节，理解并掌握工程管理原理与经济决策方法。

根据课程对学生毕业要求的支撑，以及各能力的详细描述，制定如表1-1所示含有二级指标的评价量规，并给出各指标的相应权重。表1-1将各能力指标制定成4个等级标准：A、B、C、D，各标准都有详细描述和对应分数。

表 1-1 《机械制造训练》课程评价量规表

总指标	一级指标/权重	二级指标/权重	A 100分	B 80分	C 60分	D 40分	%	得分
学习效果	设计/开发解决方案40%	面向制造的产品设计能力20%	能独立完成产品设计工作,具备在设计时考虑结构工艺性的能力	能独立完成产品设计工作,能进行结构工艺性分析和改进	能完成产品设计工作,但不具备结构工艺性分析能力	在完成设计工作过程中,会有考虑不周的地方	8	
		制定加工工艺流程能力40%	能独立、完美地完成零部件加工工艺流程设计	能独立完成零部件加工工艺流程设计,但不够完美	能较好地完成零部件加工工艺流程设计	在完成加工工艺流程设计时,会有考虑不周的地方	16	
		产品试制与检验能力30%	……	……	……	……	12	
		创新与自主意识10%	……	……	……	……	4	
	环境和可持续发展20%	材料对环境影响的分析能力50%	……	……	……	……	10	
		成形与加工过程对环境影响的分析能力50%	……	……	……	……	10	

（续上表）

总指标	一级指标/权重	二级指标/权重	A 100分	B 80分	C 60分	D 40分	%	得分
学习效果	个人和团队 15%	作为个体独立承担给定任务的能力 40%	……	……	……	……	6	
		团队协作意识和能力 40%	……	……	……	……	6	
		团队管理和项目实施能力 20%	……	……	……	……	3	
	沟通 15%	绘制工程图纸与编制工艺卡等技术文件的能力 40%	……	……	……	……	6	
		通过报告和设计文稿与业界同行进行沟通和交流的能力 30%	……	……	……	……	4.5	
		陈述发言、清晰表达与回应指令的能力 30%	……	……	……	……	4.5	

（续上表）

总指标	一级指标/权重	二级指标/权重	A 100分	B 80分	C 60分	D 40分	%	得分
学习效果	项目管理10%	生产组织与人员管理能力20%	……	……	……	……	2	
		产品质量控制能力30%	……	……	……	……	3	
		产品成本控制能力20%	……	……	……	……	2	
		产品进度控制能力30%	……	……	……	……	3	

使用量规作为评价标准，可以实施基于毕业能力标准达成的学习效果评价，并且通过成绩分析，掌握整个班级及每个个体各项能力标准的达成情况，为教师改进教学环节与内容设计提供有益的指导，对每个学生有针对性地指出其优势与不足，指明其改进与努力的方向。学生也可在课程初期根据这个评价量规表，清楚了解通过这门课程学习，在哪些能力上会有所提高，各项能力应该达到什么程度，从而为自己制定清晰明确的努力方向。

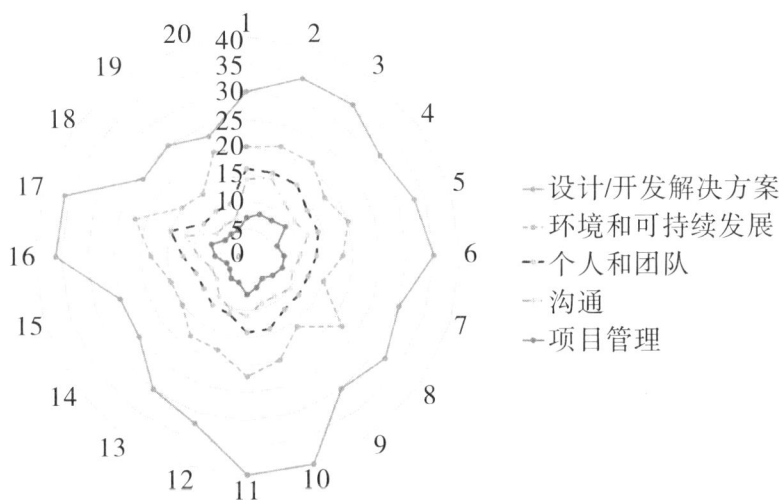

图 1－2　一级指标的雷达图

图 1－2 为某班级 20 名同学在 5 个一级指标方面的评价结果雷达图，从中可以看出，该班级同学在能力与素养方面的差异很大，第 10、11、16、17 名同学在各能力方面都很突出，而第 14、15、18、19、20 名同学在各方面都存在不足。

1.5　人文社科类专业质量标准

1.5.1　专业教学标准

从专业人才培养角度来看，比较工程技术类专业与人文社科类专业，虽然两者在学科基础上有相当的差别，但在育人理念上有广泛的共性。比如，培养学生全面发展、提升学生自主学习能力等，都是不同专业类型人才培养的共同要求。因此，编制工程技术类专业质量标准的基本思路和原则，在人文社科专业质量标准编制中同样具有适应性。比如，专业教育体系应该包括与专业相关基础学科和专门学科知识体系、引入社会实践工作岗位标准、在社会实践中培养学生实践工作能力、关注所学专业对社会环境的影响、教学环境条件和师资队伍要求等。

专业人才培养质量形成于人才培养全过程和全要素（比如环境条件、专业定位、课程体系、培养过程、质量管理等）观念，同样适用于人文社科类专业质量标准体系构造。只是在质量标准体系框架下，由于专业知识体系和教学要求特点不同，相关标准指标的内涵有所不同。比如，对数学与自然科学知识的基础要求程度有所不同、对形象思维和逻辑思维的训练要求也有所不同等。这种差异性反映在人文社科类专业教学质量标准中，教学内容与教学方式的设计就要考虑到人文社科类专业特点和专业人才培养过程特点。

人文社会科学人才培养具有开放性和主观性特点，决定了它不同于理工类专业人才培养过程。从专业特点来看，人文社科类专业教学内容，往往没有硬性要求和教学实施路线标准设计。在多数情况下，学习内容是开放性、非标准的。尽管越来越多的自然科学方法手段被应用到人文社科研究中，但开放、非标准性特点，决定了人文社科类专业注重培养学生批判性思维、发散思维和创新能力。即使在职业教育领域开设的人文社科类专业，也不能简单地以实用为标尺，"学以致用"的专业技能学习选择和考核方式，并不完全适用。因此，课程体系设计要充分考虑人文社科类课程在培养学生人际沟通、批判思维、团队合作、问题处理、语言应用等能力方面的要求。

虽然人文社科类专业更多要求整体性的课程体系设计，但它们所对应职业领域的核心能力培养，不同于工程技术操作能力培养，往往不是一门具体课程能够承担的，必须在专业对应的主要职业岗位上，结合职业核心能力要求，进行整体性的课程体系和教学内容取舍，制定相应的课程标准。人文社科类专业人才培养要做到培养目标清晰、实施路径畅通、评价方式可行，必然会对教师能力提出更高要求，教师应对课程在人才培养中的地位有整体把握，并在教学过程中培养职业核心能力，而不仅仅是进行知识和技能传授。

比如，受人文社科类专业特点制约，专业课程往往具有重叠性或同属于一个范围的纲目脉络，单门课程实践性教学，并不利于学生对实践目的的深入了解，有可能造成资源浪费。实践能力包括综合性的分析、思考和操作能力，需要在实践教学环节中，重新整合专业课程，把基础理论课与应用拓展性课整合在一起，开发"理实一体化"课程。

尽管人文社科类专业更重视专业理论知识教学，但在理论知识传授过程中，更注重建构学生思维方式、提升解决实际问题能力。在实践性教学实施前，须充分备课，由专业课程教师集体讨论研究，形成合理的教学方案。甚至采用团队合作授课方式，以避免教学内容与实践环节脱节，或授课教师单兵作战、各自为政的做法。实践教学中的教师应该是引领者、推动者、参与者和共同行动者。

应用型人文社科类专业人才培养，同样也有能力导向要求，只是它所指的能力不是工程技术能力，而是面对人文社会问题的分析和解决能力。比如，对于思想政治、语言文学、法学、管理学等人文社科类专业，专业教学改革也要考虑如何提高学生职业核心能力。这类课程教学目标，有识记、理解、运用、分析、综合和评价六个层次学习取向，面对人文社会实际问题，要提高解决问题的能力，在设计一门课程内容时，可以考虑至少涉及其中两个目标层次。教学目标要与职业核心能力联系起来，并以此选择教学内容和开展教学活动，有意识地培养学生职业核心能力。因此，人文社科专业课程设计，在课程标准编制和评价上，应该有底线要求。

关于教学时数安排，可以学期为单位设计，改变目前人文社科类专业试行的"2＋1"（三年制专科）或"3＋1"（4年制本科，直接延伸原有教学时数）模式。以32课时专业课程为例，在学期开始的第1周完成导论部分教学，让学生了解课程概貌；第2周作为实践周，由教师带领学生到实际情境中去学习，主要完成发现问题的任务，而不寻求解决问题的答案；第3周回归课堂，让学生对整理出的问题进行归类、做出阐述，并引导其思考问题产生的原因；教师围绕学生发现的问题，对授课内容进行调整，以问题为中心展开理论学习，利用10周左右时间，完成主要教学内容，再重新回到具体情境中，从事生产劳动、社会调查或实习管理等活动，尝试寻找解决问题的答案；第 13—14 周，以小组为单位，提交和展示解决方案，并组织讨论，引导学生自己判断形势、分析问题、完善问题的解决方案；第 15—16 周，再次回到实际情境中，对自己的解决方案进行验证。这种教学流程设计需要将不同的课程归类整合，在理论知识授课基础上，可以由多位主讲教师协同完成实践性教学。

1.5.2 专业教学基本特征

相比工程技术类专业人才培养，人文社科类专业人才培养方法更加多样化。传统人文社科类课程的单一"注入式"或"灌输式"教学方式，难以调动学生学习兴趣，也不利于学生独立思考和创新思维能力的培养。为了有效培养学生的职业核心能力，教师需要设计具有专业特点的核心能力培养任务，并据此确定合适的实施路径和教学方法。

常见的人文社科类专业职业核心能力培养方法，包括案例法、辩论法、情景模拟法、调查实践法、讨论汇报法、项目教学法、合作学习法等，这些方法在人文社科类专业教学中被广泛使用。教师可以通过优化教学内容、加强课堂设计、组织有效活动，调动学生的主动性和积极性，帮助学生在搜索资料、思考分析、提出方案、解决问题的过程中，提升综合素养和核心能力。

人文社科类专业教学既是知识传授，也是培养学生情感和态度，提升学生思维能力、交际能力、合作能力等"软实力"的途径。从育人角度来讲，相比工程技术类专业课程，人文社科类课程具有更直接的育人功能。选择恰当的教学方法，推动人文社科课程教学改革，可充分发挥人文社科类课程对学生职业核心能力培养的作用。

人文社科类专业课程教学，帮助学生学会思考比学习知识更为重要，因此，学生阅读和思考应占用更多的学习时间。课程教师讲解时间不应超过学时数的 1/2，把更多的时间留给学生思考、分析或参与活动。对参与活动的情况要进行记录，增加形成性评价，减少死记硬背，学生积极性会有所提高，自我学习、合作能力、解决问题、创新思维等职业能力能够得到培养，考试作弊、作业抄袭等不诚信现象也会明显减少。常用的专业教学方法如下：

一是辩论法。辩论法可有效培养学生思维能力和交流沟通能力，有利于在工作中表达观点、说服他人。比如，在思想政治类课程中，讲解中国传统文化继承，可以让学生就"中国人只能过自己的传统节日，还是可以适当地过洋节日？"这一话题展开辩论。整个辩论从准备到进行，都需要学生自己查找有关资料，组织语言，并就对方观点进行反驳。这个方法既培养了语言能力，又培养了跨文化交际意识。

二是案例法。案例法是将实际生活中的案例作为教学素材，联系实际培养分析问题、解决问题能力的教学方法。例如，在市场营销课程中，引入星巴克的差异化营销作为例子，让学生分析差异化营销究竟给星巴克带来了什么好处。案例教学提供了理论联系实际的机会，加强了营销策略的应用。

三是情景模拟法。情景模拟法是将所学知识模拟运用于实际场景的教学方法，这是培养学生解决问题、人际交往等能力的方法。以"空乘英语"课程为例，可以设置一个情景：一位男乘客坐在安全门附近的座位，乘务员需要联系该乘客，询问他是否能在紧急情况下协助打开安全门，否则需要替他更换座位，但乘客喜欢这个座位的宽敞空间而不想换。此时乘务员如何用英语和乘客沟通，便是一个考查学生综合能力的情景。它涉及如何用英语打招呼、如何委婉地提出要求、如何针对乘客的回答做出判断，并提出解决方案等多种能力。

四是调查实践法。调查实践法是培养学生人际沟通能力、团队合作能力、分析问题能力、解决问题能力的方法。以"大学生创业教育"课程为例，安排学生以小组形式开展一个关于大学生兼职对学习影响情况的调查，要求学生自行设计问卷、选择人群展开调查，自行统计分析结果，并写出调查报告。为了增加活动的趣味性，还可让学生把调查中的精彩瞬间进行视频记录，供大家观摩，以此培养学生分工合作、分析解决实际问题、创新思维等多方面能力。

五是讨论汇报法。讨论汇报法是以小组形式就某一话题展开讨论，并由小组推荐一个人进行汇报。其作用体现在培养学生创新思维、解决问题、人际合作等职业核心能力上。比如，以"公共管理"课程为例，引入城市管理话题，组织学生开展关于错时上下班优缺点的讨论，并由小组安排人员进行汇报。在文学类课上，可让学生就唐朝诗人贾岛的诗句"鸟宿池边树，僧敲月下门"开展讨论，分析如果把其中的"敲"字换成"推"字是否会更好。通过讨论，学生不仅理解了"推敲"一词的来历，而且锻炼了思维和鉴赏能力。

六是项目教学法。项目教学法是模拟实际工作任务，要求学生以员工的身份完成项目任务全部过程。以酒店管理课程为例，可以将"婚宴安排"作为一个项目，要求学生以餐饮部经理的身份为客人安排婚宴，完成预订、宴席布置、菜单开立、菜单修改、客人接待等工作安排，并就项目安排做出合理说明。

1.5.3 课程学习质量评价

人文社科类课程具有开放性、主观性特点，课程评价不能仅靠一两次闭卷笔试，闭卷笔试往往导致学生考前突击死记硬背，枯燥的数字和事实记忆会让学生失去学习兴趣，有些同学甚至借助抄袭、作弊等手段获取较高的分数。

人文社科类专业教学评价，要避免科学化倾向，尊重人文社科的开放性特征，不能以定量或标准化的答案来评价学生人文社科类课程学习成果，应当将终结性评价和形成性评价相结合，采取活动方式安排学生任务，并根据学生表现进行综合评价。根据不同课程的特点，结合职业核心能力的要求，确定评价项目和评价标准。比如，以英语角色扮演为例，除了评价学生语言内容、语音语调外，还要从人际交往意识、举止态度、随机应变等方面加以考评，有意识地促进学生锻炼相关能力。

推进实践性教学需要对传统的教学评价模式进行全面革新，改变以学生评价和督导听课为主、以试卷和课程论文为主的教师和学生评价模式，将学校教学管理层、教师和学生均纳入教学评价体系。对教师教学评价应在传统教学评价的基础上进行扩展。实践性教学的评价应该贯穿实践性教学环节，考核教师对实践性教学的教学设计、引导作用和教学效果。教学评价的主体应由教学质量保证部门、实践单位责任人，以及学生共同构成，实践性学习效果评价应有利于提高学生参与实践性教学的积极性。教学评价主体从学校、教师向实践单位延伸，以未来人力资源的相关需求为基础，对学生进行实践能力评价。

1.5.4　实践教学标准

人文社科类专业实践性教学，主要包括学生科学创新实践与社会调查、生产劳动实践以及课堂上的实践性教学。对于那些希望将理论世界与现实世界加以连接的教师来说，实践性教学是"在行动中教与学"的过程。实践性教学有助于激发大学生主动学习和探索精神，在劳动实践和社会调查过程中，大学生能够形成对自己未来职业角色的直观感知，学会进行人力资本投资和职业生涯规划，也能了解自己所学理论知识对实际工作的现实意义，认识到自己的知识与能力欠缺，学会及时调整自己的知识与能力结构。同时大学生还能接触到不同的社会阶层，在国情、社情和民意中接受社会责任教育，推动社会主义核心价值观在大学生群体中的形成。实践性教学能够将理论教学、科学研究与社会生活、生产实践结合在一起，通过社会实践、社会调查活动和生产实习，使师生关系更加紧密，有助于公民性人格的形成，这也是高等学校教育改革的需要。在高等教育大众化的背景下，它是高校对校园以外现实世界的主动同应。

把握人文社科类专业实践性教学的内涵和特征，它作为赋能型教学模式，力图培养大学生在进入职业生涯之前应该具备的实践技能，主要包括现代信息获取和处理能力、有效的团队合作能力、口头与书面表达能力、人际交往和沟通能力、项目设计与管理能力、计划制订和执行能力、创新性思维能力、自学能力、综合分析能力等可持续发展及学习能力，这些都是人文社科学生进入社会应该具备的基本生存和发展能力。

教学计划要落实实践育人的理念，增加实践教学比重，强化实践教学环节。比如，人文社科类本科专业的实践学分，原则上不少于总学分（学时）的15%。实践教学的具体操作策略（如怎样增加课时量、增加学分和实践性活动等）可以下放给专业，教学单位针对专业特征制定实践教学流程，学校管理者的主要职责是对实践教学过程进行监督、评估，提供相应的人力、物力等保障性条件。组织对教师开展实践育人能力培训，将实践学习效果纳入学生培养的主要目标，从而使学校管理部门、教学单位和专业层面的教学管理者、教师和学生共同践行实践性教学。

人文社科类专业实践性教学基地由校内基地和校外基地两大块组成。校外基地主要设在与专业相关的企事业单位和政府机构中的非主要职能部门，由专业教师和实践单位的工作人员共同担任指导，将学制内的实践教学与未来就业适应期的实践训练连接起来，使实践性教学更为实用，与社会对人才的需求更为紧密。但是校外实践基地的教学实践不能影响正常学习和工作的开展，人文社科类学生在一、二年级学习基础专业知识，思维能力和解决问题的实践能力尚在形成的初级阶段，他们的基本能力尚无法满足实际工作需要，实践教学往往会停留在观察层面，难以参与具体事务的处理。基于这种情况，学校与相关单位可共同建设校内人文实践基地，在校内教学场所创设一些全真模拟情境，以供学生实践性操练。即便学生由于能力欠缺或细节疏漏造成处理问题的偏差，也不会对实际工作产生影响。校内实践基地教学既能培养学生的实践创新能力，又能够通过模拟训练，为实际操作做好准备，是学生从学校到直接参与社会实践的缓冲地带。

高校教材大多侧重理论性，成熟的实践性教学教材尚不多见，且实践性教学也无法选择统一的教材。为此，学校须组织任课教师编写专业本位的实践性教学手册，将理论教学和实践教学有机结合。实践性教学手册可厘清培养目标与实践环节之间的关联性，着重培养学生动手能力、问题处理能力和适应未来职业需求的适应能力和学习能力，专业理论成为实践能力的知识储备和思维方式形成的基石。实践性教学手册将教师教学评价体系的权重、分值及构成详细列出，让教师清楚实践教学之前需要做好的准备工作、教学设计涵盖的内容，以便对学生提出要求。实践性教学设计要将专业课程问题或项目进行整合，将相对接近的课程内容纳入同一问题或项目之下，列出实践性教学过程中教师对学生的组织和管理方式。学生可根据自己的兴趣和知识基础，参加不同的实践小组，共同讨论和完成任务，有些课程也可以让全班共同完成某一项任务。实践性教学手册随着时间的推移不断更新，保证实践性教学有的放矢，使这一教学环节不流于形式。

第二章　办学背景与条件

2.1　专业办学环境

2.1.1　开放办学

受科技和产业发展的驱动，新专业如雨后春笋般出现，这是高等教育普及化时代特征之一，也对高校专业结构布局、调整提出了要求。由于部分专业办学历史短、办学理念跟不上产业发展和人才培养要求，专业适应性差制约了人才培养质量提升。处在办学转型发展时代的高校，如何确立新的人才培养理念，是建设高质量、高水平专业的核心问题。因此，建设开放、融合的专业办学环境，成为培养高质量应用人才的关键。

专业是一个组织系统，人才培养与社会产业发展有着密切的联系。从人才培养过程来看，专业通过面向社会招生，按照产业发展需要培养高级专门人才，达成毕业生成功就业。要保证这个过程顺利开展，需要专业与产业互动与融合。从科学研究、服务社会、文化传承与创新等角度来看，专业作为高校办学载体，必须根据经济社会发展需要，确定办学方向、人才培养目标、教学内容，立足专业研究，产生创新性成果，服务经济社会发展，引领社会文化。这个过程要求专业与社会深入融合，与产业交流合作。

在产业转型发展背景下，专业应该打破封闭状况，树立开放专业办学理念，面向社会、市场、企事业单位开放办学，通过产教融合、校企合作，培养学生的专业能力和实践能力。在科技发展过程中，应用型专业办学更多扮演的是知识、技术、信息传播的角色，面向产业、行业培养从事生产、管理一线工作的高素质专业技术人员。这类专业技术人员的培养，需要高校与产业开展全方位的深度合作。专业只有了解产业状况、产业一线对技术人才的真实需要，才有可能培养出适应产业发展需要的技术技能人才。由此看来，开放办学有利于缩小学校人才培养与产业用人需求之间的距离，形成"专业按产业需要培养人才、产业部门参与专业人才培养过程"之产教融合局面，使专业与产业之间不断进行信息、资金、科技、人才的交换与流动，培养符合产业真实需求的技术人才，创新产业需要的科技成果，促进科技成果转化为现实生产力。

专业为经济社会发展培养合格人才，地方性和应用性是高职院校培养技术技能人才基本特质。地方性是指"地方举办、立足地方、服务地方"办学特点，应用性是指人才培养的实践导向和职业导向，培养地方经济社会发展所需要的应用型技术技能人才。高校培养应用型人才，应该在遵循地方性、应用性特点的基础上，由传统学科型人才培养模式向应用技术人才培养模式转变，开放办学是实现这一转变的关键。

开放办学理念主要包括以下几个方面：一是树立开放办学意识。高校专业设置和办学定位面向市场需求，与区域内的单位、组织、市场开放合作，充分了解所在区域的产业发展和人才需求，有针对性地开展专业人才培养、科学研究，发挥高校在服务区域内的"智库"作用，为地方经济社会发展不断注入新的活力。二是提高开放办学能力。推行产学研合作办学模式，瞄准地方支柱产业和产业链，整合办学资源，在人才培养、科技开发等方面建立互动与参与机制，实现专业与产业交流与合作。高校教师到产业部门学习、进修或调研，产业部门参与高校办学与管理。三是提升开放的高度和水平。开阔专业设置和目标定位视野，学习借鉴国际专业人才培养质量标准和全球同类专业人才培养的先进经验，借鉴专业办学标杆的具体做法，通过合理"迁移"来提高自身水平。

案例：

20 世纪 70 年代，在计划经济体制下，开门办学直接演进为国有企业办学。听从关于"理工科大学还是要办的"指示，有相当规模的工厂都开办了"七二一"工人大学①。学校开办在工厂生产线上，实行学徒制人才培养模式。理论课在车间会议室教学，实践课在完成生产任务过程中学习。物理课改革为"工业基础课"、生物课改革为"农业基础课"。项目化教学在工人大学广泛推行，这是开放办学的初级探索。

广义的开放办学是在具体教学形式背后隐含的教育理念，它不是简单地将学生放到企业培养的现代学徒制人才培养模式，而是打破传统封闭的高校人才培养理念和模式。开放办学涉及师资队伍、教学内容、社会服务项目、科学研究和教学方法等方面。教学目标不仅仅是学习知识，更开放在学生思维模式和创新意识的培养上。

从教育目标来讲，开放办学理念更多定位在学生发展上，服务于学生个人成长成为开放办学的主要方向。专业是高等教育的特征，是人才培养的载体，专业教育过程不仅仅让学生获得专业发展基础，更重在以此为载体，奠定学生未来发展基础。这就是"教育的目标是让学生获得人生的尊严与价值"的真谛所在。

学分制是开放环境下办学的一种管理制度，它的核心不是学分计算方式，也不是管理学生学习的手段。学分制的核心就是开放学生的学习自主权，让学生在开放的环境下自主选择学习内容和学习时间。学分制管理主要是用来约束学校和教师对学生的管理，要求学校不能以自己的观点强迫学生对学习的选择，这是学校面向学生的开放办学。

2.1.2　产教融合

多元融合是开放办学的必然要求，也是当前专业办学发展的趋势。在高等教育普及化和高校转型发展背景下，专业应在"产学研合作"办学理

---

① 1968 年 7 月 21 日，《人民日报》发表《从上海机床厂看培养工程技术人员的调查报告》，其中说到"大学还是要办的，我这里主要说的是理工科大学还要办，但学制要缩短，教育要革命，要无产阶级政治挂帅，走上海机床厂从工人中培养技术人员的道路"。这就是著名的"721 指示"，"721 指示"成为文化大革命期间我国高等教育革命的最高指示之一。正规大学纷纷按照"721 指示"，不经过高等学校考试，直接录取工农兵学员，企业各单位根据"721 指示"精神，纷纷开办了 721 大学。

念的基础上，进一步深化产教融合。多元融合办学旨在推进学校办学与区域经济社会发展相吻合，办学思路与区域经济社会发展趋势相协调。办学实践与区域经济社会发展需要相一致，达成高校服务地方产业、地方产业支持高校发展的良性循环。多元融合办学重在建立学校与地方企事业单位、产业核心部门合作机制，突破产、学、研、用各自为政的壁垒，融通各方利益关系，建立基于利益共享、资源共享、成果共享的多方合作体系。

一是建立政产学研用合作机制。发挥政府的宏观协调职能，牵头成立产学研用合作协调机构。根据区域经济社会发展现状与趋势，组织、协调和规范专业办学。加强高校、产业部门之间的横向联系和互动交流，实现人才、设备、学科等资源共享，建立合作战略联盟，形成相互合作、相生相长的产学研用合作生态链。将各方合作的工作要求、工作制度、工作规范、激励机制、风险分担等内在因素关联起来。合作建立专业人才培养平台，以市场机制驱动实现科技研发、成果转化、人才互聘，实现合作各方利益共赢，促进高校人才培养可持续发展。

二是建立人才资源共享机制。产学研用各方合作，按照合作各方人才的学科优势和技术专长组建创新团队，以项目为纽带合作攻克制约产业、行业创新发展的技术研发、人才培养、管理创新等问题，搭建支撑应用研究的横向平台，实现学科对接与协调，促进跨学科、跨专业的协同创新，形成具有创新性、应用性的高水平成果。多元合作应坚持以人为本，充分考虑人才的学术技术专长和性格特质，建立激励机制，最大程度地发挥专业人才的作用。

三是建立实践基地共建机制。实践基地不仅是专业人才培养平台，也是高校学科集群与产业生产集群对接平台。建立"政策驱动、产学投入、研学互补、学用结合"实践基地共享机制，充分利用国家对高校转型发展、建立现代职业教育体系的优惠政策，推进专业实践基地建设。产业和高校从人才培养、科技研发、产业升级的长远利益出发，增加实践基地建设投入，将学生的学习、研究与生产实践紧密结合起来，保证经过学习、研发、生产、使用的闭环系统训练，能提高人才培养质量。

四是建立共享共赢合作机制。根据合作各方的实际需要，确定科研和服务项目，合作各方在人才资源、设备使用、经费投入上共同分担，联合攻关、风险共担，组建科研团队联合开展科技研发。开放科技研发资源平台，促进科研开发顺利开展，共享合作成果。

专业走与区域经济社会发展融合的办学之路，在培养人才的同时，促进知识结构应用化、理论与实践一体化、科技研发产业化。在服务产业发展的过程中培养专业人才，以实现专业与产业协调、人才培养与地方需求匹配、产教融合办学之目标。

案例：校政企合作办学新模式

2020 年 6 月 30 日，河南省首家"政府＋高校＋企业"混合所有制康养产业学院——南阳农业职业学院康养产业学院正式签约揭牌，这是南阳农业职业学院、南阳市宛城区人民政府和南阳市中心医院三方联合，在机制创新、体制互融的基础上，合作共建的混合所有制康养产业学院，旨在通过"政府＋高校＋企业"合作模式，搭建"产学研用"合作平台，实现优势互补、资源共享，促进职业教育和康养产业提档升级，助推健康南阳建设工作，满足健康养生产业对技能型人才的需求。合作办学三方以打造国内一流的康养产业学院为目标，加强学科建设、队伍建设、人才引进和资金投入，推动康养服务与经济社会发展相融合。把康养产业学院办出特色、办出水平，为南阳康养事业发展作出新的更大的贡献。

[南阳农业职业学院. 多元化合作办学，走特色办学、融合发展、开放办学的新路子 [EB/OL].（2020 – 08 – 06）. http://ppfocus.com/cn/o/edbd-dc7ef.html.]

2.1.3　现代大学制度

影响高等学校办学的最重要环境因素是教育制度，教育现代化不仅需要教育思想、教育手段的现代化，也需要教育制度现代化。现代大学制度改革进程，必然影响到专业人才培养工作质量。现代大学制度主要涉及与市场经济体制和高等教育发展需要相适应的外部关系、内部组织结构及大学成员行为规范体系。外部关系主要是指学校与政府和社会的关系，内部组织结构是指学校内部的领导体制和管理体系，大学成员行为规范体系主要是明晰教师、学生、管理人员责、权、利的规章、政策和行为准则。我国高校外部关系的基本特征是政府宏观管理、市场适度调节、社会广泛参与、学校依法自主办学；内部组织结构的基本构架是党委领导、校长负责、教授治学、民主管理。显然，现代大学制度是专业人才培养的重要环境，对人才培养质量有重要影响。

依据现代大学制度基本内涵，专业对人才培养有高度自主性，对招生标准、教学设计、师资条件、经费使用等都有相当的自主权，在办学运行中并不需要请示学校或政府机关。政府在专业人才培养上的主要职权有三项：一是负责拨款的分配和管理，提供保证教育质量的必要条件和资源，包括教室、实验室和图书馆等建筑设施与教学科研设备，以及雇佣教师和职员所需的薪酬等；二是设计一些研究项目，以推动政府需要的某些方面研究与改革课题；三是收取和统计全国教育状况数据资料，从立法、财政预算与拨款以及教育质量评估等方面进行宏观管理和监督，而不干预专业教育具体事务。

建立现代大学制度，就是要明确举办者、管理者、办学者的权力和责任。我国高校主要是由国家举办，高校是政府向社会提供公共服务的重要内容。国家作为投资者、政府作为管理者，对高校办学具有领导权、调控权、监督权。高校必须为国家服务、对政府负责。早在 1993 年，党中央就提出"要逐步建立政府宏观管理，学校面向社会依法自主办学的体制"①；提出政府转变职能，运用立法、拨款、规划、信息服务、政策指导等必要的手段，由对学校直接行政管理转变为宏观管理，为专业依法开展人才培养提供法制环境。在法制化管理环境下开展人才培养，落实高等教育法规对学校办学相关规定，独立办学环境是高校人才培养的外部保障。当高等教育外部环境发生变化时，国家应根据实际需要，对现有法律及时进行"立、改、废"，以保持较高的适应性和一定的灵活性。事实上，高校依法自主办学难以实现的主要原因是高校权力往往受国家有关规定的制约，在教育教学实施过程中，出自各级教育行政部门的规定存在随意性和不稳定性。

政府是大学举办者代表，理所应当提供办学条件保障。基本办学条件

---

① 中共中央、国务院印发的《中国教育改革和发展纲要》（1993 年 2 月 13 日）。

建设责任主要在政府。由于多数高校独立生存和自我发展能力十分薄弱，专业教育质量提升缺少必要的投入保证，会在相当程度上影响专业人才培养。政府应该负责建立和完善高等教育投入和条件保障机制[①]，为大学制度现代化奠定重要基础。

2.2 宏观环境

2.2.1 专业所处社会环境

社会环境是指专业办学所处的外部环境，包括专业服务产业的实际状况、地区产业发展政策、在所服务区域同类专业开设状况等。服务区域经济发展是多数高校的重要功能定位，也是高校发展的外生动力，区域社会经济对专业人才需求越大，相关专业会伴随着产业发展与升级而快速发展，因此也影响到专业人才培养质量和社会影响力。如果某一区域优势产业是装备制造、农林、电子信息以及服务于这些实体产业的金融商贸等，地方高校必然设置与产业发展状况相适应的专业。从全国高等职业教育发展状况来看，高职教育最发达的地区正是经济最活跃、产业集群最发达、GDP排名最前列的地区，产业发展为高职教育的改革发展创造了肥沃的土壤，高校教学成果也与学校所在区域优势产业紧密相关。

以深圳为例，作为国家改革开放先进试验区，深圳是高科技产业聚集地区，也是国家高职教育发展的高地。深圳职业技术学院信息电子类专业，瞄准华为等高科技公司对技术发展和人才的要求，创新构建校企合作人才培养机制。2018年，该校与华为公司联合申报《深职院—华为培养信息通信技术技能人才"课证共生共长"模式研制与实践》获得国家教学成果特等奖，在职业院校如何开展校企合作、服务产业发展、开发教育教学资源等问题上，具有创新性和示范性。

教学团队对专业办学所处环境的认知和适应，也是影响专业办学质量的重要因素，高水平专业团队必须对所服务区域的技术发展、产业升级、

---

① 《高等教育法》第六十条指出"国家建立以财政拨款为主、其他多种渠道筹措高等教育经费为辅的体制"。

人才需求有深刻的认识，通过定期开展办学调研，建立与行业企业长期稳定的联系，充分掌握所在地区相关产业的动态。在此基础上，确定专业办学环境标准。

> 标准1：对本专业所处的行业企业状况、高等职业教育改革与发展要求，以及环境条件对于专业办学和培养目标的影响有清晰的认知；能对办学实际所处环境状况做出正确解读，并据此采取有效措施，促进培养质量的提升。

标准1对专业办学环境条件认知提出了明确要求。专业教学团队是否对办学环境有准确的认知，并认识到在专业人才培养工作中要充分考虑到外部环境变化，及时采取相应对策，是质量保证工作的重要环节。从宏观上来讲，标准1从战略视野和专业办学环境两个方面给出专业办学质量底线和改进方向。在战略视野上，专业教学团队须充分了解专业所属行业企业现状和高职教育发展状况，对社会和行业企业环境条件变化可能导致专业人才培养定位变化和教学改革提出对策，并有意识地把这种改变引入专业人才培养方案制订和实施过程中。

比如，近些年来，政府实施扩大招生政策，每年增加招生100万人，由此形成了生源多样化、培养模式多样化格局。2019年，国务院发布《国家职业教育改革实施方案》（国发〔2019〕4号）、教育部关于深入学习贯彻《国家职业教育改革实施方案》的通知（教职成〔2019〕11号）等文件。这些外部环境变化必然会对专业建设和人才培养产生深刻影响。专业要及时认清办学外部形势变化，并就如何应对社会环境变化提出相应对策。专业对于外部环境变化是否具有敏感性，以及能否及时提出对策，是专业人才培养质量保证的重要因素。

2.2.2 专业办学背景

专业办学背景是指影响专业办学的自身因素，比如教学团队是否对学院办学目标定位和办学理念有清楚的认知，并以此确定专业人才培养任务和目标。是否具有确保专业人才培养工作的组织、管理和经费投入机制，是否有足够的办学资源等，直接影响人才培养工作能否有序展开。追求专业人才培养质量提升，须对本专业在教育领域和行业产业中的地位、声望和定位有清楚认知，明白自己在教育领域中所处的地位和竞争力所在，并在提高办学声誉和竞争力上采取有效措施。

比如，在国际化发展的潮流中，是否掌握国际职业教育最新发展理念、引入国际先进职业教育标准和模式，以提高专业人才培养方案在设计和实施上的国际化程度，成为国际化专业人才培养的重要指标。再比如，近年来，"产教融合、协同育人"成为职业教育改革的重要突破口，专业教学团队是否具有与所服务行业一流企业合作办学的能力，是否探索建立以企业为人才培养主体的协同育人相关机制，以及用人部门是否参与培养方案制订和实施，也成为专业人才培养质量标准的重要指标。

在推进高等教育普及化的同时，教育部提出"扩规模与保质量并重"，为保证专业人才培养质量出了一道难题。从专业内部来看，生源多元化造成学生人群差异扩大，大规模扩招导致教学设备设施不足、教育投入捉襟见肘，对学校的静态和动态资源供给、管理理念和方式等都带来巨大影响，必然会影响到人才培养工作质量。专业要适应新的办学环境，必须改变原有教学模式，探索一种新的教育模式并形成实践方法。

学生来源多元化，导致不同文化基础和年龄结构带来教与学双方不适应，全日制高职学历教育面临转化为职业培训的风险正在出现，直接影响到专业办学的社会认同和吸引力。事实上，高中毕业生（含三校生）生源已经枯泽，扩招的着力点在"往、退、下、农"四类人群，这就要求释放行业潜能，探索校企联合培养、对口就业"一条龙"模式，把学校搬到工厂、把课堂移到车间，组团式整建制安排教学。如何把企业追求与学生愿望融合起来，难点在于如何激发企业发挥人才培养主体作用。

在能招尽招的"宽进"制度下，质量来源于"严出"，把压力放在培养过程。比如，推行"生源分类、教学分层、学习分段"人才培养模式，实施"教学目标层次化、课程体系模块化、施教项目任务化、教学方式灵活化"等教学模式，但这需与增加教师供给、提升教师水平、激发教师内动力相匹配。

要提升扩招后的专业人才培养质量，专业团队必须转变教育教学管理模式，实施多路径办学，应对不同生源、不同学习时间、不同学习方式，创新课程体系、教学组织和考核评价等。育训结合、工学结合、校内和校外结合、线上和线下结合、全日制和非全日制结合、学年制和学分制结合，分类施策、多措并举。

2.3　师资队伍

2.3.1　教师职业特征

教育的目标是成就人，教师从事育人事业，在学生面前呈现的是其全部人格，而不只是专业。这就要求教师首先要自己像人一样地活着，才能对别人产生使其成为人的影响[①]。教育的魅力在于创造，这是创造生命发展的魅力。每位教师都要面对其所处时代对教师使命的新要求，无论教育如何改革，不变的使命是对人一生负责任，通过帮助学生活出生命意义和价值，实现自己的人生价值。教师要经常自问，他们给学生的东西是积极的还是消极的？是有益的还是有害的？是促进了学生发展还是阻碍了学生发展？一位教师对某一个学生的发展给予过深刻影响，使他在每一个前进的重要的时刻都想到这位教师，这样的教师才是在真实意义上的教师，而不仅仅是一个知识传递者、技能教学者。

教师应该是追求持续发展的人，教育的魅力在于创造生命发展，既要有学术，又要有人格。教育的魅力不限于教师已形成的人格与学术，还在于其不断追求自己的生命发展和完善，在帮助别人完善的同时不断发展和完善自己。这是一个与生命同在的无止境过程。相对于专业，教师更应关注"学生是怎样的一个人"。

教师是第一教学资源，对人才培养工作质量有最直接的影响。一名合格的专业教师，不仅要传授专业知识，更要为人师表；既要具备对本专业

---

① 引自叶澜的《教师首先要自己像人一样地活着，才能对别人产生影响》。她是中国著名教育家，华东师范大学终身教授、博士生导师，华东师范大学基础教育改革与发展研究所名誉所长。

学科知识的充分把握，还要广泛关注专业领域发展，参与专业领域生产和服务工作。这不仅仅是专业教师应具备的专业背景，也是专业教师成长之路。这样的教师才能立于专业学科发展前沿，有能力引导学生学习。

专业人才培养工作质量标准规定了专业教师应具备的基本条件，也为专业教师队伍质量提升指明方向。教师质量标准主要涉及以下几方面要素：

一是教师专业化程度。教师职业特征不是通过某一具体行为表现出来，而是一系列行为的具象反映。教师教学行为不仅要体现职业特点，更要发挥教书育人和引导职能。以学生为中心的教学，落实在基于具体学情的教学活动，要充分考虑学生中存在的两种关键性认知差异：一是起点差异，二是思维差异。学生个体间的起点差异，直接决定着教学起点定位，如果教师对某门特定课程背景下的学生个体间起点差异研究不透，就有可能在教学起点定错位，影响教学实施的针对性和实效性。比如，有的学生抽象思维发展得很快，有的学生形象思维发展得很好，这两类学生的学习方式就有很大差异。抽象思维发展得好的学生，对于数学等理科类课程的学习相对轻松，而习惯形象思维的学生，理科类课程学习就会显得吃力。针对不同的思维方式，教师备课就要充分考虑到学生实际情况，给学生提供多种学习材料、设计多种活动方式，供他们选择，使得思维方式、学习材料与学习活动相匹配。

教师备课往往基于对学生理想学习状态的期待。学习是主体参与的一种源于内在需要的活动，是不断地积累与打破经验、建立并改变范式，也是不断更新、充实、发展自我的过程。学生从确立学习选题起，就有了类似于产品化的预期，他们会不断洞悉谁会需要这样的产品，并将一系列有设计的学习内容贯穿在其中。在学习过程中，把解决问题与自我成长结合起来，这个过程是对能力、态度、精神品质的锻造，最终学生能看到自己的学习成果，并得到广泛认可。学生在完成一次学习回合的同时，内在动力再次被激发，学习能量得以存续。

二是教学设计能力。教学设计是教师基本教学能力，它是在教学目标引导下制订教学实施计划，以使教学活动在教学设计的安排下有序开展，并根据学生的学习情况，及时调整教学行为，以确保教学行为有效。教师应有能力对教学过程反思，根据实际教学中出现的问题，及时改进教学设计，从而提高教学质量。

教学设计是一门联系理论与实践的桥梁学科，了解教学设计过程、方法和设计要点是教师的基本职业能力。通常，教学设计包括教学目标分析、学情分析、教学内容选择、教学活动组织、教学媒体、策略与方法利用、教学环境创设、教学效果评价等。另外，教学设计不是一个封闭系统，一个好的教学设计往往需要技术人员、教师、教育专家的支持和帮助。比如，教师在教学中需要一种新的教学媒体或资源，而自己无力开发时，就需要与技术开发人员一起合作完成（而不是回避技术、利用传统教学方法敷衍了事）。

备课与上课是教师两大专业行为，教学设计落实在教师备课中，教案是体现教师专业性的重要标志。教师教案不专业体现在三个方面：第一，形式不专业，停留在教学目的、教学重点难点、教学过程等老套路上；第二，撰写过程不专业，许多教师写教案不分析教学过程具体情形，照搬照抄；第三，撰写不专门，教师不能因人而异、因时而变，使用"万年教案"。教学方案编制需要理论、规范、技术和工具的支撑。教师要成为学习设计师，掌握高水平教学技术，才能构建高质量的课堂，从而提升教学质量。

案例：教学反向设计

美国学者对课程设计过程进行了规范，称为反向设计，即用逆向思维方式来设计教学。逆向设计程序包括以下三个步骤：

第一步，确定期望结果。期望学生了解什么、知道什么、能做些什么，以此形成课程目标。

第二步，确定学生应该达到的程度。用测验来衡量学生的学习表现，评估学生对学习目标的达成情况。也可以采用提问、观察、对话，以及一些更传统的方法（比如背诵或者默写），评估学习效果。

第三步，设计教学计划。即确定在教学过程中，应该利用什么样的活动、素材和资源，帮助学生掌握学习内容，达到学习目标。

三是课堂教学技巧。课堂技巧包括语言交流、引导研究、激励学习动机、教学模式多样性、应用多媒体、评估等，它直接影响学生课堂学习效果。实际教学活动复杂多变，需要教师在教学过程中不断选择、反思和改进，才能找到适合自身的教学技巧。教师的语言风格和语言表达能力对学生的学习过程有重要影响，应注意语言组织，吸引学生的注意力，激励学生学习。

教师教学技巧直接影响课堂呈现出来的状态，即使是在正常的课堂上，教学场景也可以分为三重境界：

第一重课堂境界是"安静的课堂"〔学生以"是"或"不是"（或"不知道"）回答教师提出的问题，并且回答以是否符合老师所讲为标准〕，这一场景中的课堂画面是教师就像台上的演员，动情地演出，学生在讲台下静静地听讲，当下课铃响起的时候，课堂犹如电影散场。

第二重课堂境界是"师生互动对话"，学生对于教师提出的问题可以开放式地讲出自己的认知，但这种认知是以符合教师的讲课要点为基础，展示的是学生对课堂学习内容的掌握程度。

第三重课堂境界是"学生质疑教师观点"或"不同见解争论"，学生在课堂上有自己的思考，并针对教师讲解的内容提出疑问，请求教师给予解惑，甚至针对教师所讲的内容提出不同见解，并为自己见解的真理性抗争。

2.3.2　教师教学水平

高校办学想要从小到大、从大到强，关键在于质量，质量是学校的生命线，而影响办学质量的最关键因素是教师。教师队伍整体水平代表了办学水平，师资队伍质量直接决定教育教学质量，决定学生培养质量和水平。正如法国社会学家埃米尔·杜尔凯姆所说："教育成功取决于教师，教育不成功也取决于教师。"①

没有教师就没有学校，没有高素质的教师队伍，也没有高水平办学质量。教师承担着全面贯彻教育方针的重大职责，肩负着办好人民满意教育

---

① 埃米尔·杜尔凯姆（Émile Durkheim，1858—1917），法国犹太裔社会学家、人类学家，法国首位社会学教授，《社会学年鉴》创刊人。与卡尔·马克思及马克斯·韦伯并列为社会学的三大奠基人，主要著作是《自杀论》及《社会分工论》等。

的重要使命。高校作为国家培养创新人才的主要基地，是否拥有强有力的教师队伍和拔尖创新人才、学术带头人作后盾，决定了能否培养出高素质创新人才。

高校建设的核心是教师队伍建设。教师组织与实施教学内容，是教学活动组织者、实践者，是教学方法的设计者、实施者。人才培养要达成"四个一流"（一流的教学内容、一流的教学方法、一流的教材、一流的教学管理），首先要有一流的师资队伍。当下流行"三教"（教师、教材、教法）改革①，"三教"核心是教师。教师把握着如何处理知识传授与人才培养关系、教材与教学内容关系、科研与教学关系，每一个教学环节都离不开教师的参与及其作用的发挥。

高校竞争最终是内涵竞争，内涵建设水平影响综合竞争力，教师队伍是内涵建设之核心。加强内涵建设是高校发展的硬道理，谁在内涵建设中处于领先地位，谁就赢得未来发展权。当前，内涵建设滞后的主要原因是教师队伍跟不上教育发展要求，导致人才培养工作质量受到质疑。

高校内涵建设是一项系统工程，涉及专业学科建设、科学研究及成果转化、师资队伍建设、人才培养质量和国际化水平、办学条件、校园文化建设等方方面面。师资队伍是内涵建设的核心，办学根本在于提高师资队伍整体水平，促进人才培养质量提升。因此，高校应树立教师是第一资源的观念，切实加快建成高素质的师资队伍。

课程是教学工作基本构成元素，学科与专业建设是高校基本构成。专业建设之核心是师资队伍建设，两者相辅相成。因此，教师队伍建设必须树立"队伍建设服务学科专业建设、学科专业建设促进队伍建设"理念。实施人才强校战略，就是按学科专业建设主线有序配置师资队伍，优化师资队伍结构，创新师资管理模式，建立有利于优秀人才成长和施展才华的运行机制。高校师资队伍建设主要涉及以下内容：

第一是明确队伍建设目标。从本校实际出发，设置高校教师队伍建设和发展的总体目标，包括中青年骨干教师（特别是学科带头人）培养，完

---

① 《国家职业教育改革实施方案》提出了"三教"（教师、教材、教法）改革的任务。"三教"改革中，教师是根本，教材是基础，教法是途径，它们形成了一个闭环的整体，解决教学系统中"谁来教、教什么、如何教"的问题。

善人才工程的评选、培养、考核体系，建立有利于尊重和保护创新思想的学术评价制度。还要建立跟踪培养、民主考评、滚动发展、优胜劣汰机制，对基础扎实、具有创新潜力的优秀人才予以重点扶植。根据学科专业和课程建设的需要，设置专业带头人、首席教授岗位，动态管理。

第二是营造良好工作环境。强调人的全面发展，以人为中心，协调人和事的统一发展，注重开发人的潜在才能、智慧、技艺和能力，建立教职员工培训和继续教育的约束与激励机制。强化师德教育，建立健全师德建设制度和激励机制，使师德建设制度化、科学化，营造良好师德建设的校园和社会环境，重树教师职业形象。

第三是促进教师队伍协调发展。采取切实有效措施，引进高水平、高层次优秀人才，使教师队伍不断有"活水"注入。提高教师个体素质，注重高校教师队伍整体素质提高和结构优化。探索以专业带头人为核心凝聚力的学术团队组织新模式，建设一批具有领先水平的优秀学术团队。

第四是活跃学术交流。提前规划、全面部署学术梯队建设，通过交流开阔教师眼界，了解学术发展最新成果。发挥中青年骨干教师作用，为他们的成长创造条件。加强学科、专业和实验室建设，提高开展学科前沿研究和承担国家、省重大科研任务的能力，为优秀人才的培养提高、施展才华提供平台。

> 标准2：教职员工的数量和质量能满足培养方案实施的要求，教师的专业知识、科研能力和专业对应的岗位实践能力能够满足培养方案实施要求，并能积极促进教学方法改进；教师与行业企业和用人部门保持适当的联系；师资队伍建设符合学院规定的要求。

2.3.3　师资数量与质量

师资是专业办学的基本条件，教育部对专业开设有基本师资要求，专业师资数量必须与专业知识体系和办学规模相适应，且师资具有相应的背景和能力。具体来讲，专业配备教师的数量、质量和水平，应与培养方案实施要求相匹配。比如，在学历条件上，高校授课教师原则上应具有至少硕士学位或者相当于硕士学位的学术水平，任职资格、数量、学科领域结构，应与培养方案要求相吻合。教育部在《本科层次职业学校设置标准（试行）》① 中，要求专任教师在任职期间，每5年有累计半年以上时间在所属专业对应职业岗位工作经历，在所教授的领域能够将理论和实践紧密结合。在教育国际化发展新形势下，教师还要具有国际视野，或者有国际教育经历。

师资质量标准是动态发展的，不会仅仅停留在入职水平上，随着高校办学发展和专业教学改革推进，师资门槛不断提高，对学历结构要求也随之提升。比如，教师在任职期间，应与所在专业实践领域保持有足够的密切联系，能跟踪专业产业的发展，以促进学生在本专业领域成为潜在的实践者或管理者。教师须从事与专业相关的生产活动、科技研发、咨询、研究或案例撰写等工作，以利于专业培养方案质量提升、为学生发展奠定基础。除从事专业对应的职业岗位实践工作以外，教师还要进行教学改革、运用现代教育技术改进专业教学等。为此，高校应建立科学合理的师资管理机制，包括聘任、工作量配置、业绩以及专业发展等，建立专兼结合教学团队，兼职教师队伍能够承担专业人才培养中的实践课程教学任务。

教师的魅力在于创造，把教师仅仅当作知识传递者的认知是有偏差的，教师工作性质不只是简单的知识传递，还在于为学生的未来生活提供创造力，这是丰富人生的重要工作。教师创造还表现在"转化"上，把人类精神财富转化成学生个人成长的精神财富，这种"转化"也是教育的挑战性和独特魅力所在。教师创造性还表现在促使学生精神世界不断丰富和完善，本质上是把人类的知识与技能、精神转化成个人能力和精神内存。教师用创造性智慧激发学生的精神潜力，是直面生命的发展与创造，其中有"转化"创造，也有教学工作自身创造。教学让每一个生命具有创造力量，为社会发展提供永不枯竭的智慧源泉。

之所以有教育研究者提出"教师是一种专业化工作"的观点，一是为了改变教师地位，因为只有作为专业人员，才有利于提升社会地位；二是为了专业人员的专业素养提升。但仅仅提高教师专业素养还不够，重要的

---

① 教育部《本科层次职业学校设置标准（试行）》（教发〔2021〕1号）。

是教师作为人的整体性发展。只强调教师专业发展，并不能造就合格乃至优秀教师，忽视了教师作为一个全人的发展。教师在学生面前呈现的是其全部人格，而不只是专业。教师的一言一行都在呈现在学生面前，学生也在判断，学生对教师的敬意或瞧不起、反抗或喜欢，都不仅仅因为教师的专业，而是因为教师的全部人格。

教师须对自身发展有所认识，其中包括对教育的理解，以及对教育责任的承担。学生一辈子能够遇到一个好老师，是他的幸运。在中国古代，教师地位排在天地君亲之后，也属"圣"之列。孔子就被称为"孔圣人"，孩子上私塾要向圣人、老师叩拜，对教师还有道德方面的高要求，那就是"为人师表"。

科研与创新是国家赋予高校教师的责任，科研能力也是高校教师区别于中小学教师的重要能力特征。信息化教育时代，在数字化、网络化、虚拟化教学时空中，高校教师的科研也有信息化烙印。教师教学研究应该首先从对自身的教学过程审视开始，利用教育技术的方法、工具来创设新型教学模式。教育技术能力提升，有助于高校教师使用信息化科研系统，比如课题申报系统。利用项目管理、统计软件，可以帮助高校教师对研究过程和数据进行组织整理，节省大量宝贵时间，甚至还能得到一些不容易发现的隐性知识。

教师科研工作应立足于服务专业人才培养，专业教师应做什么样的专业科学研究？为社会提供什么样的服务？出发点是否能为人才培养提供支持？能为人才培养提供什么样的支持？专业教师从事科研和社会服务工作经历，有利于促进人才培养，也应列入人才培养工作质量标准范畴。高等教育具有跨界特征，需要科研和社会服务作为人才培养工作支撑。从实际情况来看，凡科研与社会服务做得好的教师，往往是一些优秀人才，这就是学高为师的原因所在。

高校不应直接以科研成果评价教师，应以人才培养成果和教学工作作为考核依据。科研工作促进教学发展，是评价优秀教师的重要因素。学术论文质量和数量、科研课题等级、科研应用与获奖等方面的评价，不应成为学校评价教师的直接指标。没有开展科学研究和社会服务的教师，不可能培养出优秀学生。科学研究是不同于教育的另一项艰苦工作，多数高等学校并不适合将探索真理研究列为教学本职工作范畴，探索真理是培养人才的路径。

2.4 教学资源与设施

2.4.1 基本教学设施

教育部在关于高等学校专业设置条件中，就专业办学资源与设施提出了基本要求。比如，有相关学科专业为依托，具备开办专业所必须的经费、教学用房、图书资料、仪器设备、实习基地等。近年来，高校推行"校企合作、产教融合"人才培养模式，这是在传统的高校办学资源和设施基础上，提出人才培养适应产业发展的新要求。我们常常把这种要求概括为：具有产业（企业）背景是职业院校办专业的必要条件。

在专业人才培养方案中，把专业办学所需要的资源和设施作为重要保障条件，列入培养方案附录，强调了专业开设的前置条件。比如，校企协同开展专业人才培养，与具体的某个行业企业合作办学，以及能够提供师资、场地、设置、生产线、项目、工作标准等，都是专业办学的重要资源和设施。

教学资源和设施应与专业课程教学相适应，因课程需要而建设。因此，每个教学设施都有课程对接，承担课程中的某个具体教学任务，每个实训室都应展示实训项目清单和实训流程。广义来讲，实训资源除了硬件设施以外，还包括一些软件。比如，教学运行标准、课程教学软件、专业文化、历史传承等。

> 标准 3：校内教学基础设施设备、协同育人单位设施与条件，能够支撑培养方案实施。

2004 年，教育部出台了普通高等学校基本办学条件指标规定[①]，用于监

---

① 教育部关于印发《普通高等学校基本办学条件指标（试行）》的通知（教发〔2004〕2 号）。

测普通高等学校办学条件，加强对高等学校办学条件管理，建立、健全社会监督机制，促进办学条件改善，保证我国高等教育持续、健康发展。高校办学条件指标由两个部分组成：一是基本办学条件指标，包括生师比、具有研究生学位教师占专任教师的比例、生均教学行政用房、生均教学科研仪器设备值、生均图书。二是监测办学条件指标，包括具有高级职务教师占专任教师的比例、生均占地面积、生均宿舍面积、百名学生配教学用计算机台数、百名学生配多媒体教室和语音实验室座位数、新增教学科研仪器设备所占比例、生均年进书量。它们是基本办学条件指标的补充，为全面分析学校办学条件和引进社会监督机制提供依据；同时也反映普通高等学校基本办学条件改善、更新情况，对提高教学质量和高等学校信息化程度等具有积极的指导作用。

　　对不具备办学条件的高校，教育部给予招生限制。比如，凡有一项基本办学条件指标低于限制招生规定要求的学校，即给予限制招生警示。限制招生学校的招生规模不得超过当年毕业生数。另外，凡有两项或两项以上基本办学条件指标低于限制招生规定要求，或连续三年被确定为黄牌的学校，即暂停招生学校。暂停招生学校当年不得安排普通高等学历教育招生计划。表2-1为基本办学条件指标。

表2-1　基本办学条件指标

学校类别	本科				
	生师比	具有研究生学位教师占专任教师的比例（％）	生均教学行政用房（平方米/生）	生均教学科研仪器设备值（元/生）	生均图书（册/生）
综合、师范、民族院校	18	30	14	5 000	100
工科、农、林院校	18	30	16	5 000	80
医学院校	16	30	16	5 000	80
语文、财经、政法院校	18	30	9	3 000	100
体育院校	11	30	22	4 000	70
艺术院校	11	30	18	4 000	80

（续上表）

学校类别	高职（专科）				
	生师比	具有研究生学位教师占专任教师的比例（%）	生均教学行政用房（平方米/生）	生均教学科研仪器设备值（元/生）	生均图书（册/生）
综合、师范、民族院校	18	15	14	4 000	80
工科、农、林院校	18	15	16	4 000	60
医学院校	16	15	16	4 000	60
语文、财经、政法院校	18	15	9	3 000	80
体育院校	13	15	22	3 000	50
艺术院校	13	15	18	3 000	60

注：1. 聘请校外教师经折算后计入教师总数，原则上聘请校外教师数不超过专任教师总数的四分之一。

2. 凡生师比指标不高于表中数值，且其他指标不低于表中数值的学校为合格学校。

2.4.2 校内外资源共享

专业设置须符合基本设施条件，包括校内设备和校外基地两个部分。校内设施主要是指满足培养方案实施需要的专业教学设施设备，比如，专业实训室、生产性实训条件，它们要依照生产场景的工位设置，具有产生性特点，又有足够的工位数量，校园内外设施设备满足学生群体学习和活动需要。学校还要具有基础教学设施，比如，合适的校园网络系统、图书馆和相关资源。

教学资源共享是教学条件保障的重要抓手。专业人才培养需要跨界合作，校企合作是必由之路，这就需要有稳定的校企合作伙伴。企业作为人才培养协同单位，应具备实践教学（企业教学）条件。高校利用企业和社会资源办学，必须建立校企合作教学资源共享机制。

协同企业提供的教学环境条件是专业教学资源的重要组成部分，专业在考虑课程设置和教学内容时，要充分利用合作企业能够提供的办学资源条件，比如，生产任务、教学工位、教学使用的场地和设备等，以及在生产环境下，实施教学工作的相关管理办法。

20世纪30年代多媒体教育出现以来，教育媒体的种类越来越多，应用也越来越广泛，教育技术成为学习过程和教学资源设计、开发、运用、管理和评价的有效手段。教师对教育技术基本理论和方法、基础技能和策略的认识，是运用教育技术的前提和保障。在网络化、信息化社会，翻转课堂、创客空间、自适应学习技术、物联网技术等新技术的兴起，对教育产生重要影响。以学生为中心并不代表教师作用弱化，而是给教师带来新的挑战。通过合理运用信息技术提高教学效率，需要教师紧跟时代步伐，不断完善自身知识体系。另外，信息技术发展也在推动教师专业发展方式改变，从最初的短期集中式培训向网络研修发展。

信息时代的数字化教学逐渐成为教学活动的主要方式，高校教师应该了解数字化教学特点，比如数字化资源的基本类型、多媒体和网络应用于教学的基本形式、数字化教学环境的常见活动类型等。创新教学离不开丰富多样的教学资源的支持，真实的与虚拟的、网络的与非网络的、单一媒体的与多媒体的，各种各样教学资源为高校教师多样化教学提供了可能。在学习型社会和信息时代，高校教师应具有终身学习意识，提高教育技术能力与水平是完善自身能力体系的重要举措。图2-1为常用的课程教学资源。

图2-1　常用的课程教学资源

第三章 办学方向与定位

3.1 专业定位

3.1.1 办学目标定位

办学目标定位是指专业根据自己所在的地区，以及在该地区所处的地位、办学历史、条件和现状，从服务地方社会发展和区域经济需要出发，确定办学类型与层次、发展目标、建设重点与办学特色等。办学目标是指高校为了更好地发挥人才培养、科学研究和服务社会的三项基本职能的作用，所确定的对专业发展具有导向与激励作用的中长期目标。办学目标定位主要涉及六个方面因素：

一是教育思想与教育观念。现代社会各种教育思潮纷呈，社会经济发展不断更新对于学校办学的要求。以高等职业教育为例，在过去的 20 年中，办学目标、内涵要求多方位调整，对应的专业办学方向、人才培养模式、教育教学质量评价等方面都发生了巨大变化，直接影响办学目标定位。

二是学校历史对办学的影响。专业特色形成的一个重要源泉是学校办学历史，办学历史是办学资源的重要积累。专业历史传统在人才培养过程中发挥着无形的作用。它是专业办学文化，也影响办学目标定位，任何专业办学都不能脱离办学历史和环境现状。

三是专业在全国，特别是本地区高等教育专业结构中所处位置的影响。以高等职业教育为例，办学特色是专业核心竞争力，在本地区同类专业布局中，凸显本专业特色是专业定位必须考虑的因素，包括人才培养、服务产业发展、专业建设水平和专业办学层次定位等。

四是生源供给、人才市场需求变化和产业未来发展。在高等教育普及化时代，高校生源多元化发展，向不同文化基础、不同职业岗位经历、不同年龄段的学生开放入学。产业发展状况也对专业人才的知识、能力培养提出不同要求，因此，必须针对不同生源特点，确定人才培养定位。

五是国家有关政策的调整与变化。在不同的阶段，结合社会经济发展和人才培养要求，国家对高等教育提出不同的目标和任务要求。高等教育是国家事业发展的重要组成部分，须服从于政府宏观指导。比如，在过去的 20 年中，政府对高等职业教育定位从"培养高技术技能人才"到"解决社会劳动力就业问题"，对高职院校办学目标定位转变起到决定性作用。

六是高等教育事业发展状况与发展趋势。高校办学须适应所在地区高等教育现状和发展趋势，专业也要在本区域高校同类办学中找到自己的位置，包括专业办学层次、产业服务面向、毕业生就业岗位等，办学定位应具有超前性，跟踪高等教育和产业发展前沿。

应用性专业定位应当以地方性与综合性为基本出发点，突出应用性办学特色。确立办学定位应考虑以下几个方面因素：

一是本着立足地方、面向现代化、面向世界、面向未来的原则，遵循教育内部关系规律，主动适应地方区域经济和社会发展需要。积极配合国家发展战略，抓住快速发展机遇，面向本地区社会经济发展的基础设施建设、支柱产业和自然资源状况，重点发展具有区位优势的特色专业。

二是立足现有办学条件与实际状况（比如师资力量、设备条件、经费支持以及生源质量等），找准自己的位置，服务于本地区办学需要，充分发挥专业自身优势，在培养人才、科学研究、社会服务三个方面，为地方经济建设、社会发展科技进步做出更大贡献，最大限度地提高学校办学水平。

三是从服务区域经济与社会发展的现状与条件出发，明确办学类型和层次，以使专业能够担负起发展本地区产业的重任。比如，培养应用人才的高校，在办学类型上可定位于技术技能应用型或教学科研型，在办学层次上定位于三年制专科或四年制应用型本科。

四是以服务区域经济现代化、为区域产业发展提供专业技术和人才培养为服务面向定位，依托服务区域和产业资源，发挥专业办学优势，走协同培养和特色专业发展路子，通过拓展专业服务空间和生存空间，推动专业可持续发展。

案例：某高校专业办学定位

（1）专业类型定位：以高等职业人才培养为主体，多层次、多规格办学。

（2）办学层次定位：以高等职业教育专科为主体，发展应用型本科教育。

（3）培养目标定位：培养德智体美劳全面发展、高素质、创新型技术技能人才。

（4）服务面向定位：服务于粤港澳大湾区经济建设和社会发展。

办学理念是办学特色的灵魂，办学定位是培育办学特色的首要任务。办学定位涉及办学类型与层次、人才培养目标、服务面向等多个方面，找准并明确学校办学定位可以使学校在谋求特色建设的过程中，从专业历史传统出发，充分考虑社会、行业和区域经济的特点和需要，找准专业所处的位置和扮演的角色，持续推进专业特色建设。

3.1.2 办学方向定位

每所高校都有自己的办学方向，它与国家提出的高校办学方向要求密切相关。在整体上，办学方向受高等教育法规范，具体内容包括坚持马克思主义在高校意识形态领域的指导地位，肩负学习研究宣传马克思主义、培养社会主义事业建设者和接班人的重大任务，宣传中国特色社会主义思想等，它们既是高校办学方向，也是立德树人核心任务。

把立德树人作为高校的根本任务，就是把"培养什么人、怎样培养人、为谁培养人"作为教书育人的根本问题，通过教育提高青年学生思想水平、政治觉悟、道德品质、文化素养，使之做到明大德、守公德、严私德。把立德树人内化到专业建设和管理各领域、各方面、各环节，做到以树人为核心、以立德为根本。

高校办学方向坚持以人民为中心，着眼提高教育教学质量，解决人民群众日益增强的对多样、特色、优质教育的需求，使教育事业同党和国家发展要求相适应、同人民群众期待相适应，与我国综合国力和国际地位相匹配。

深化专业人才培养改革是落实办学方向的重点，具体来讲，就是创新人才培养机制、深化产教融合，着力培养德智体美劳全面发展的社会主义建设者和接班人，全面贯彻执行党的教育方针，保证社会主义办学方向，且在具体办学过程中，支持专家教授治学。

> 标准4：办学符合国家教育方针和办学方向，有利于满足人们日益增长的教育需求，达到举办者培养高素质技术人才要求，符合社会经济发展要求。

质量标准4对专业在关于学校办学定位和方向的认知上，提出了明确的要求。专业须清晰了解学校人才培养目标要求，并且能够落实在专业教育中，使教学工作沿着这个方向持续改进。国家将教育方针定位于德智体美劳全面发展人才培养上，专业须就如何实现学生德智体美劳全面发展，提出本专业规格要求，以及教育教学实施路径。

如何将专业人才培养目标定位落实到位，首先要将它们列入以专业人才培养方案为核心的教学设计，嵌入培养目标、培养规格、课程体系、教学实施、教学评价等方面。教学设计既要符合校本办学定位要求，还须形成逻辑体系。

满足人们日益增长的教育需求，不仅是满足高等教育普及化时代学生对学习的需求，更要满足学生对高质量教育的要求。高质量教育源自专业人才培养理念、培养模式和教学质量，为此需要专业建立推动教育教学质量提升的机制。比如，深化"产教融合、校企合作"改革、推进线上线下混合式教学、创新教育教学改革机制等。

专业须将学校办学理念落实到本专业人才培养过程，以彰显学校办学方向。教学团队是否能够清楚说明自身办学成效是如何彰显学校办学方向，也是评价人才培养工作质量的重要因素。

3.1.3 差异化办学定位

人才培养质量多样化是专业定位中必须面对的问题，因此需要充分发挥高校办学定位的作用。办学定位作为学校各项工作的出发点和依据，是用来衡量高校办学水平的"尺子"。近年来，随着高等教育领域"放管服"改革深入开展，高校办学定位越来越多受到重视。

办学定位既与办学类型相关，又要体现阶段的办学实际状况。学校办学定位改变，各项政策、工作重心等也随之变化。比如，高校重视科学研究，但是不同学校在科学研究方面的定位有所不同。研究型大学要在技术创新链上定位前移，定位在原创性技术、共性技术和关键技术的研究与开发上。应用型地方院校，应该立足地方、行业、企业，从实际问题出发，突出应用研究，服务地方、行业和企业需求。高职院校定位在解决技术应用"最后一公里"的问题上，进行集成创新、技术开发、科技服务，以解决生产一线急需解决的关键技术难题。

学校办学定位不同，专业设置口径不一样，质量保证的抓手也各不相同。在我国高等教育体系中，客观上存在"'985'工程高校、'211'工程高校、有博士授予权大学、有硕士授予权学院、学院、高职、高专"七个类型的学校。办学定位决定了专业的宽窄程度，从上到下，专业口径越来越窄。越是"985""211"高层次学校，专业口径越宽，强调人才培养的宽口径、厚基础；而向应用型转变的地方本科高校和高职院校，强调人才培养面向基层、面向一线，专业口径窄，甚至把专业方向当专业来办（面向职业岗位）。办学定位不同的高校，质量保证抓手也不一样。比如，有一些高校关注通识教育，尝试书院制改革。另外一些高校关注专业教育，以职业岗位能力培养作为教学改革切入点。由于办学定位不同，不同高校对质量保证的理解和做法也有所差异。

办学定位是政府管理、高校办学、教师发展、学生成长的依据，对人才培养工作有重要影响。高校办学质量评价的重点应来自学生，从现行学生评价方式来看，比较多的是关于学生在校期间的评价，包括课程学业和在校综合表现，大多采用短期功利性评价指标。关于学生未来发展等教育终极目标的评价较少。从人才培养工作质量评价范围来看，比较关注学生个体学业成绩，缺乏通过大数据对整体效果进行评价。实际上，人才培养质量评价既包括个体评价，也应关注整体评价。以大数据技术来评价人才培养整体效果这一做法，应该得到更多的重视。从大数据分析中，可以看到很多平时不容易发现的问题。从根本上讲，高校办学质量最终体现在为学生一生幸福提供的价值观，以及学生对母校的精神家园感。

学校既要有与办学定位对接的人才培养目标，又要给予学生更多的选择权。教育教学关注每一个学生，所谓因材施教，就是要根据每个学生的能力、性格、志趣等具体情况，施行不同的教育方案，其本质是尊重学生的差异性。学分制不仅仅是一种教育教学管理模式，更是教育教学理念，其实质是学生教育选择权和学校服务观念，满足学生发展需要是高校第一责任，专业、课程、科研、社会服务等都源于为人才培养提供服务，为了营造更好的人才培养环境，高校为科研和服务提供空间。如果学分制教育模式仅仅作为一种教育教学管理手段，就不可能达成学分制教育的本质目标。

高等教育发展到今天，想要实现高教强国的目标，就要建设强大的高等教育体系，不同类型的高校都得到发展和壮大。但不管是哪一种类型的高校，满足学生发展需要的目标都是相同的，只是针对不同的学生，提供发展的路径有所不同。

3.2 专业办学理念

3.2.1 专业办学理念的内涵

办学理念是学校的灵魂，专业办学遵循学校办学理念，包括指导思想、定位和发展目标，用以指导、引领专业办学实践。办学理念既要遵循教育规律，又不能墨守成规，应顺应时代发展不断创新。办学特色蕴涵在办学理念，尤其是在办学定位上，它是学校发展模式与发展战略选择。

案例：某高职院校专业办学理念

办学理念和思路：发展是第一要务，质量是生命，学科是龙头，创新是灵魂，文化立校、品牌兴校、科研强校。其中的主要内涵有：

发展理念：与规模相适应的办学条件充实与完善基础上的可持续发展。

质量理念：树立全面的质量意识，把质量指标落实到每一个教学环节。

建设理念：专业建设是龙头，抓好师资、环境、服务、基地建设。

创新理念：创新是专业发展的灵魂，推动专业建设和教学质量提高。

教学行为是指办学理念指导下的教育实践活动，专业作为人才培养载体，紧紧围绕着"人才培养、科学研究和社会服务"三大功能开展各项活动。人才培养是专业办学第一要务，涉及教学内容、教学方法与教学手段。专业建设既决定人才培养的质量，又关乎科学研究与服务社会能力与水平；高质量师资队伍是高质量人才培养与高水平科学研究的保证，服务是专业的重要任务，也是实现自身价值、取得社会认可的主要载体与途径。

办学理念受专业文化影响，文化是在长期的办学过程中逐渐形成、为绝大多数成员认同、蕴涵共同价值观念的行为规范，包括制度文化、环境文化等。文化是专业特色之基础，专业特色在一定的文化环境下形成、传承和发展。

师资是办学特色形成的关键，教育以育人为本，教师是育人主体，也是专业办学的主体，是教学工作的中坚力量、实现专业目标的关键因素。培育专业特色和人才培养特色，在很大程度上取决于师资队伍，教师队伍对于特色培育有举足轻重的作用，是专业特色能否持续发展的关键。

校园文化是专业特色培育的土壤，有什么样的校园文化，就会形成什么样的专业特色，具体体现在以下几方面：

第一，校园文化影响专业特色形成。校园是大学精神、文化、学术和师生活动的场所，也是高校外在形象。放眼世界，国际知名大学的校园文化糅合了物质环境和人文环境两种因素，构建独一无二的文化传统、精神品质和各具特色的校园氛围。

第二，制度是文化培育的保障。大学制度是大学办学思想、教育教学与科学研究、社会服务实践、后勤保障、管理活动的综合体现。高校要建立一套适合自身校情、有利于调动各方办学积极性的管理制度体系，为校园文化建设提供制度保障。

第三，文化活动促进高校文化积累。校园文化活动是学校教学科研的有机延展，搭建丰富多彩的大学生课外文化平台，开展各类异彩纷呈的校园文化活动，有利于满足学生多重需求，促进学生成长成才。

案例：密涅瓦大学办学理念创新

美国密涅瓦大学在教学组织形式、培养方式、课程体系、教学模式等方面进行了颠覆性变革。

首先，将人才培养目标定位于"为世界培养批判性的智慧（nurture critical wisdom for the sake of the world）"。它强调培养学生的综合能力和思维模式，而不是简单地教授书本知识。具体来说，其实施金字塔结构教学理念改革（见图3-1）。

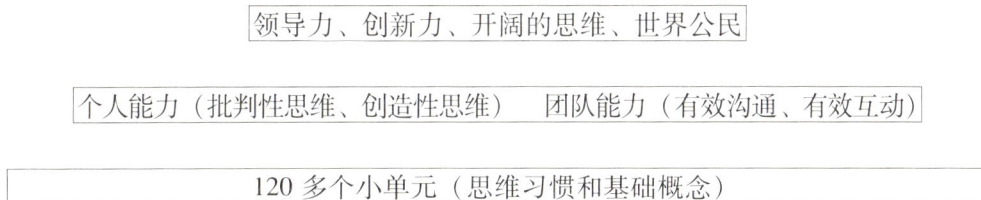

领导力、创新力、开阔的思维、世界公民

个人能力（批判性思维、创造性思维）　团队能力（有效沟通、有效互动）

120多个小单元（思维习惯和基础概念）

图3-1　金字塔结构教学理念

上层（金字塔的顶部）是密涅瓦大学希望学生毕业时候能够达到的4个目标：领导力（leadership）、创新力（innovation）、开阔的思维（broad thinking）、世界公民（global citizen）。这四个目标是通过调查、咨询，并综合美国顶尖企业领导层以及政府机构对人才的理解后整理出来的。毕业生如果达到了这个目标，会成为未来社会的佼佼者。

中层是支持毕业生能够达到这个目标的能力培养，其中包括两大块四种能力的培养：个人能力和团队能力。其中，个人能力有两点：批判性思维（thinking critically）和创造性思维（thinking creatively）。团队能力也包括两点：有效沟通（communicating effectively）和有效互动（interaction effectively）。

［王庆，周志川，邬香绮. 创新高等教育模式创新型大学——美国密涅瓦大学的办学理念［M］//外语教育与翻译发展创新研究（第七卷）. 成都：四川师范大学电子出版社，2018：21-24.］

如何落实上述四种能力培养，这些能力是在不断使用过程中积累起来的，它不仅仅是公式或者概念，更是能力和素质，是在实践过程中积累（practical knowledge）的核心要素。它们不是单项概念，具有多方面、多角度的复杂性。这种能力培养需要有针对性、多样性的教学实践场景，才能让学生掌握这种思维素质。

密涅瓦大学在整体课程教学设计中，通过能力拆分，形成思维习惯和基础概念两个部分120多个小单元，把这120多个小单元应用到每节课里。学生每学习一个新单元，与已学单元交叉整合，理解各单元之间的关系和互动，以及如何多角度地运用一系列单元共同解决问题。综合性学习项目把各个学习单元跨学科整合，解决真实问题，学生能力得到提升。

3.2.2 价值观支撑办学理念

教育价值观是关于教育核心价值的看法或观念，它规范、指导或调节教育行为，作为人们关于教育实践和教育价值关系的根本看法，指导、支配和评价教育行为和功效，直接影响教育目的、内容、形式和方法。

微观层次的教育价值观是指教育系统内部要素之间有机联系的目标指向，宏观层次教育价值观是指教育与社会其他系统之间相互协调关系的价值取向，上述两个层次教育价值观相互制约、相互作用，形成个人本位与社会本位、人文主义与科学主义、自然价值与人类价值、秩序诉求与自由诉求等多种价值观冲突。

以职业教育为例，专业人才培养价值观主要定位在如何看待促进学生发展与为社会经济发展作出贡献二者的关系上，也就是教育的自身价值与社会价值之间如何有效平衡。教育教学质量评价建立在一定的教育价值观之上，因此，价值观对人才培养质量界定和评价有极大影响，直接影响专业人才培养目标定位。高校校本质量标准应对此给出质量底线要求。

> 标准5：教学方案设计与实施有利于促进学生发展，并为社会经济发展作出贡献。

标准5明确提出专业团队能够基于自身教育价值观，结合专业特点和教育服务理念，对教育教学目标有清晰的认知，并知道如何在专业人才培养方案编制和实施过程中，以教育价值观指导人才培养。具体来讲，就是在课程体系和教学目标设计中如何反映专业教育价值观，专业团队须有清楚的认知，能够清楚说明在培养方案设计与教学实施过程中，如何处理促进学生发展与为社会经济发展作出贡献之间的关系。

标准5要求专业团队还能清楚说明教学设计与培养工作如何着眼于学生发展。比如，在公共基础课程设置中，如何处理学生全面发展与提高职业素质的关系；在专业课设计中，如何培养学生基本素质、提高思维能力与学习能力，更多地关注学生的学习需要。

高质量专业人才培养须有促进学生发展的教学管理措施。学生管理与教学管理对于学生成长有十分重要的作用，在学生管理中，要考虑给予学生更多的自我管理宽度。在教学管理中，要有落实学分制理念，给学生更多的自主学习管理与选择权利。学分制本质并不是专业团队给予学生有更多的学习选择权，而是如何满足学生学习要求。

毕业生在走上社会以后，期望他们对于专业发展和社会工作有什么样的贡献，专业应该有清晰的设计，这也是专业教育价值观的体现。对于学生毕业后的社会贡献设想，会影响到专业培养目标和课程体系设计，也影响教学过程和教学评价。

比如，当下职业教育承担着更多的社会服务职能，政府要求学校解决社会经济发展过程中的某一特定时期的具体问题。比如，发挥技术人才的蓄水池作用、成为就业压力缓解器等。如果将教育价值观定位在服务社会经济发展上，也可能弱化教育自身价值。比如，"产教融合、校企合作"有可能从专业人才培养路径变为目标。事实上，这种现象也不乏出现，比如，将校企合作列为评价专业质量与水平指标，往往会忽略学生中心的质量评价要求。

3.3 专业特色发展

3.3.1 培育专业特色

学校在长期办学过程中，受办学理念指导，经过培育、积累、形成、创新和发展，专业特色在人才培养、技术研发、社会服务、专业和师资队伍建设等方面凸显出来。它是有别于其他学校同类专业的相对优势，是得到广泛认可的专业特征和发展方式。

在我国高等教育生态体系中，同类专业开设数量众多。全国 3 000 多个高职专业，由于受政策、资源、区位等诸多原因影响，专业重复开设情况比比皆是。因此，培育专业特色是专业建设与发展的重要主题。

特色的本义是"你无我有"的独特。对于多数专业来说，特色定位于错位发展与差异发展，强调独特、错位与差异性，也是特色培育的基本思路。培育特色是专业发展方式的战略选择，是专业长期历史积淀所反映的内在要求。特色培育经历"稳定—修正—稳定"发展过程，这个过程本身就是创新和发展。发展性内含在稳定性之中，稳定性与发展性相结合是专业特色形成表征。

专业趋同主要表现在办学定位、课程设置以及人才培养目标与模式等方面。但特色培育往往为利益驱动而走入歧途。比如，在专业发展上热衷于"上层次""学术型""跨越式"，在专业设置上"赶热门""抢市场"，在培养目标上沿用传统精英人才培养标准，在人才培养规格和模式上提出"厚基础、宽口径、高素质"等宽泛而空洞的口号，导致培养方式、培养手段、培养内容上的雷同。

特色发展的另一个问题是专业没有从内涵上挖掘和提升，刻意追求形式，缺乏长远战略规划，搞短期特色项目建设，试图通过几个特色项目建设造成专业特色，或者临时编造一些应景特色项目（或者设计几个突击建设项目），这种现象背离专业特色建设的原本意义。还有一些专业在借鉴其他专业特色时，没有结合本专业实际，全盘模仿别人的发展模式，对专业特色追求停留在表面形式上。

人才培养、社会服务、师资队伍是专业特色的核心内容，也是专业建设核心竞争力，它们决定了专业办学水平。人才培养是特色建设的核心内容和中心任务，它是一项系统工程，涉及学校工作方方面面。其中课程建设最为重要，也最能体现出人才培养特色。在专业教学中，应根据经济社会发展的需要，建立一套适应专业实际、顺应学生成长成才规律的教学体系，从而提高人才培养质量。专业应潜心于课程建设，在教学方法、手段等方面，培育自身特色。

科学研究与社会服务是专业除人才培养外的两项基本功能，也是专业特色的主要载体和培育途径。在科学研究与社会服务上创特色、上水平，要解决好以下三个问题：

一是选准科学研究主攻方向，在认真分析自身实际情况的前提下，选准科学研究主攻方向，集中力量开展科研工作。

二是把科学研究和教学紧密地结合起来。虽然教学和科研是高校立身之本，但要关注把科研应用于教学，以提高教学工作水平。

三是科学研究紧密结合经济建设与社会发展需要，提高专业服务社会能力，解决社会经济发展的现实问题。要主动面向地方经济建设和社会发展主战场，提供科学技术支撑，在获取社会支持的同时，实现自我价值，办出自己的特色。

专业特色培育须跟踪社会、经济、科学技术发展趋势，对与本专业相关的社会经济和科技发展状况有准确的认识，掌握行业发展对专业人才需求的整体变化趋势。在此基础上，结合本学科专业优势，确定专业特色培育方向，提高专业办学水平和竞争力。因此，要把专业特色培育放在主动适应社会经济发展需要的方向上，与企事业单位协同开展人才培养，通过资源共享、优势互补，为教师和学生提供更多的机会参加社会实践活动。同时，及时反馈行业企业对专业人才的需求趋势，以便调整专业教育教学。

特色发展是高校活力和竞争力的关键所在，长期影响专业建设方向、过程和效果。培育专业特色是一项复杂系统工程，在高等教育快速变革时代，特色培育会对传统专业建设和教学理念形成挑战，须以现代教育思想为指导，以服务对象的需求为导向，提高自主创新的能力，培养高素质复合型人才。

在社会调查基础上，专业结合所在区域社会环境具体情况，通过分析论证，准确把握专业特色培育方向。比如，高校中常见的专业特色定位是选择某个方向作为主攻方向，将人才培养、社会服务、科技研发集中在这个方向上，形成专业独特优势。专业在选择方向时，要考虑人才市场需求发展趋势，以及专业自身的教学资源和能力优势，有针对性地开展人才培养，既培养有特色专长的人才，又实现专业和行业企业共赢。

专业特色培育要适应内部和外部环境变化，跟踪专业领域相关科学和技术发展，以及未来市场和社会的需求变化。特色定位要坚持以需求为导向，考虑如何更好地满足市场对人才的需求，增强专业竞争力、提高学生就业率。以市场需求为导向，并不是以招生为导向，增强专业竞争力，需要放眼未来发展，培养满足社会需要的高素质专业人才。在根据环境变化及时作出相应调整的同时，还要考虑专业的相对稳定性。

特色培育是一项探索性、创新性工作，专业既要发扬自身的办学传统，也要遵循创新性原则，这就是"旧枝发新芽"。在遵循专业自身的发展规律的基础上，既要保持和发展已有的优势，又要以超前眼光瞄准未来发展趋势，将特色发扬光大，在创新中保持优势，使专业充满前景和活力。总结高校专业特色发展过程，特色培育可以选择以下切入点：

一是专业文化。文化是专业的灵魂，是引导专业建设和改革的无形之手。文化建设的首要内容是师德建设，表现在教师思想道德、自身素质的塑造上。比如，教师在教学任务承担、教学投入、教学改革、教书育人等方面有高深风范。构建"和谐、向上"专业文化，形成认真、严谨、务实的教风，以及踏实、认真、仔细、勤奋、积极向上的学风，增强师生的专业归属感和认同感。

二是团队风貌。专业团队是由教师群体构成，通过团队成员之间的交流与合作，提升教师整体素质与教学水平。专业团队有合理、优化的教师结构，有思想建设、学术培训、教师发展的清晰路径，每位教师都有自己的位置和方向。在团结合作的氛围里，制度化、规范化地开展教研活动，讨论教学中遇到的问题，共商解决的措施。

三是以科研和服务促进教学。科研促教学是专业特色培育的重要抓手，教而不研则浅，研而不教则空。教师在从事科研工作中，取得有影响力的科研成果，为行业企业提供理论指导，并将科研成果渗透到教学中。学生在参与科研过程中，接触到最前沿的学科知识，也能拓宽视野。建设高水平教学科研平台，形成促进教学水平提高的科研成果。通过成立专业协会、学社，组织学术和交流活动，提高学生的学业水平，提高学生的专业认同感。

特色培育是一项复杂的系统工程，也是专业得以可持续发展的根本。专业应立足于创建和形成自己的特色，不仅可以充分凸显专业的基本内涵，有效实现专业建设目标，还能彰显学校办学特色，促进专业多样化、个性化和特色化发展，使专业在竞争中立于不败之地。

3.3.2　彰显学校定位

　　人才培养受教育教学规律制约，有基本规范要求，这是人才培养工作的共性。除此之外，专业特色定位也会对专业人才培养质量提升产生重要作用。专业人才培养工作有独到之处，即使是相同的人才培养目标，也可以有不同的培养路径。比如，具有所在区域或专业方向特点的人才培养目标、符合培养目标的课程体系和教学实施路径、具有专业自身特点的教育教学管理方式等，都会影响到人才培养质量，可以成为专业特色成长点。

> 标准6：落实学院的办学特色定位，彰显学院的社会角色。

　　专业团队应对本专业人才培养特色定位有清晰的认知。比如，与所在区域同类专业相比较，某个专业在文化建设、师资队伍建设、教育教学模式、校企合作人才培养、科研与社会服务、教育教学管理等方面，有独到之处，并对人才培养工作产生明显成效。在民国时期，圣约翰大学在上海开办，这所学校教育以英文为专长，校园内部使用英语讲课和交流，每位毕业生都有较高的英语研究和应用能力。毕业生走上社会后，用人单位对他们的英语能力高度认可。因此，这所大学毕业生的英语能力培养特色为社会所认同。

　　把专业特色落实到专业人才培养，首先要制订专业人才培养方案。培养方案是人才培养工作之规范，它为人才培养目标、课程体系、教学模式、考核评价设定基本要求。如果能从专业人才培养方案中看到专业特色痕迹，专业特色落到位就有了基础。培养方案将在培养目标、课程体系、教学内容、教学条件和资源、专业教学模式的独到之处显现出来。

　　专业特色离不开学校办学特色，应该彰显学校办学特色。在通常情况下，学校以办学章程和中长期发展规划来明确办学特色定位，包括服务面向、专业布局、办学模式、发展战略、社会角色等。把专业特色定位放到学校规划中，使之成为学校整体组成的有机一分子。专业通过人才培养、科学研究和社会服务等方面的贡献，支撑学校的社会角色与地位。

案例：深圳职业技术学院与华为公司合作办学

信息产业是深圳主导产业，中国最著名的信息产业龙头企业华为公司总部就设在深圳。深圳职业技术学院专业人才培养定位于服务深圳高科技产业发展，信息技术类专业特色定位在"实施与华为公司合作的'课证共生共长'人才培养"。具体来讲，就是以产教融合理念为指导，以信息技术行业最先进的技术和管理标准作为专业人才培养的教学标准，以深圳信息产业的生产过程作为专业教学实施过程。同时，建立教学标准跟踪产业技术标准的机制，保证了专业教学始终与产业发展一体化。

案例：广州城市职业学院服务广州社区的办学定位

服务广州现代城市发展是广州城市职业学院的办学定位，学院确立了服务广州社区教育的办学特色。因此，服务社区教育成为专业人才培养的底色。开设的专业在服务目标、培养特色、环境设计、实践活动等方面，融入服务广州社区教育的要求。比如，食品类专业人才培养，定位在服务社区居民生活的营养与安全方向上。市场营销类专业，以社区超市和零售店经营与服务为方向，开设相应的课程，建立相关的教学基地，培养服务社区的理念和技能。

专业人才培养方案是人才培养工作设计，专业特色只有融入专业人才培养方案，包括培养目标和规格、课程体系、教学手段与方法、教学监控与评价（它们是专业特色的落脚点和观察点）等，才能成为教学理念和活动的组成部分。上述要素之间须构成逻辑关系，即培养目标特色须有课程体系、教学环境和考核评价方法与之相对应。特色不能成为一种说法，最终要体现在学生身上。就上述案例来看，深圳职业技术学院信息技术类毕业生，重在掌握信息产业相关岗位最先进的技术能力和工作标准。广州城市职业学院毕业生，无论在哪个岗位上工作，都有服务广州社区的意识，并能够以所学专业技术服务社区教育。

保证专业特色能够在人才培养过程中持续发挥作用，需要建立人才培养特色保障机制。否则，专业特色也就只是一个纸上谈兵的说法而已。深圳职业技术学院信息技术类专业特色保证机制是学校与企业长期合作发展战略，这种合作是基于企业目标与学校目标的一致性，合作育人中有利于华为公司利润目标达成，通过校企合作办学，深圳职业技术学院既达成人才培养目标，又造就学校品牌。

专业特色应在提升人才培养质量上展示成效。质量保证体系建设，要促进特色在提高专业社会影响力和提升人才培养质量上发挥作用，有目标地采取特色培育措施，并发挥特色育人作用。评价专业特色定位是否在专业人才培养质量保证中发挥作用，其中的一个观察点就是考察专业负责人是否清楚了解专业特色所产生的社会影响和作用。专业教师可以通过自身经历，以及相关教学与服务案例，来说明专业特色所发挥的作用。

在特色培育上，专业是否有具体措施和方案，也是特色评价要素。近些年来，政府通过设立各种质量建设工程，推进高校课程建设、师资队伍建设、教学条件建设、人才培养模式改革，促进专业走特色发展之路。比如，在课程建设和教学质量评价中，把特色彰显作为重要评价指标；在专业建设立项中，把特色定位作为门槛指标。即使是在示范校、骨干校、双高校建设项目评审中，也把特色培育放在重要位置。

案例：机电设备安装与维修专业特色发展

TJ 机电工业学校机电设备安装与维修专业和日立楼宇设备制造（TJ）有限公司合作，以企业对员工岗位要求作为培养标准，采取订单式人才培养模式，通过与企业联合招生、共同制订人才培养方案、共组"日立"冠名班、共建校内实训场、共同培养师资等方式推进专业建设。

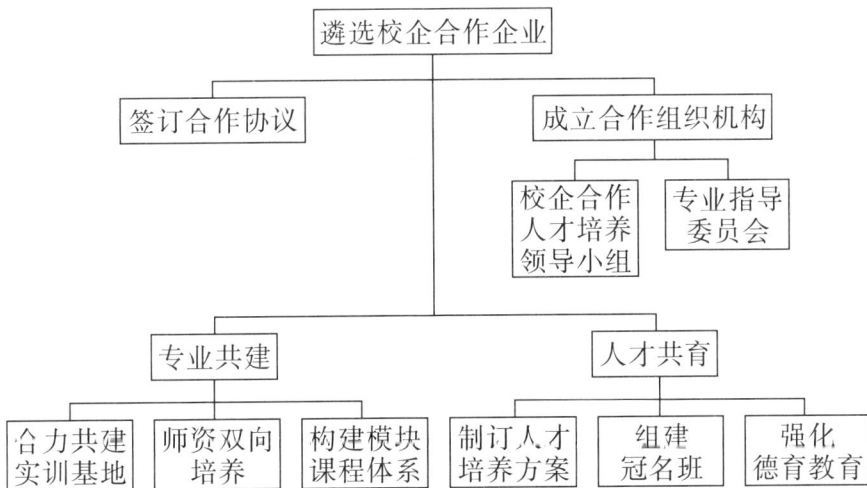

图 3 - 2　特色专业建设框架图

合作打造特色专业：实施专业共建、人才共育、资源共享的校企合作模式，建立学校、企业、学生共赢机制，共同制订人才培养方案、合作培养企业职工、协同开展培养质量评价、共同管理基地建设与运作。

探索双方共赢之路：学校与企业优势资源互补，合力共建基地。校企协开发课程体系，开发以实践能力培养为核心的课程。师资双向培养，打造教学团，共同承担专业教学任务，共同实施教学考核与质量监控，建立长效合作机制。

[全国职业教育专业建设案例连载（五十），天津市机电工业学校：校企深度融合 共建特色专业]

近年来，高职教育环境面临两大变化：一是受外部环境影响，产业、行业、企业人力资源结构性矛盾越发凸显，就业形势严峻；二是国家战略形势发生了重大的变化，出现大规模扩招局面。这些变化对专业内涵建设提出了新要求，专业群建设应运而生：一是专业群对接产业链就业岗位，形成以职业能力为基础的组群逻辑。二是基于专业群的整体性建设，包括课程体系、课程建设、教材开发、培养模式等。三是加强包括校企合作、教学组织、教师队伍、实训基地、质量评价等方面的支撑保障体系建设，以实现"产教融合、能力本位、跨界培养、多元成才"人才培养模式改革目标。为此，专业特色建设也应建立在专业群人才培养层面上。

高职院校特色专业群建设可以从以下方面入手：一是专业教学标准转型升级，建立以结果为导向的评价体系，以学生全面发展为核心，全方位考虑学生发展与行业产业发展是否一致，体现以学生产出为目标的专业群建设理念。二是秉持可持续发展理念，推动学生职业道德、职业责任和职业素养养成，促进社会、经济、环境的可持续发展。三是创新共生交互模式，即专业群内各个专业既资源共享，又相互融合。各专业包容性增长，以平等、交互和共生为专业发展谋求更大价值。专业群是能量放大器，各专业借助于专业群平台，人才培养能力得到放大，有利于获得更多资源和能量，可以更灵活地适应市场需求的变化。

专业团队可以有计划推进特色培育，但专业特色形成，更多呈现为人才培养中的一种自然过程。专业特色是否成立，还要从人才培养质量上观察，即特色是否能对专业人才培养质量起到促进作用，或者能否清楚说明专业特色在人才培养质量和社会影响力提升上的作用。

第四章 培养方案设计

人才培养方案是专业教学标准的核心，也是《质量标准》融入专业人才培养工作的切入点，以及质量保证体系建设出发点。无论是环境条件、人才培养定位、培养方案实施、质量监控与管理，都围绕着培养方案展开，环境条件是培养方案实施的要求，教学管理与质量监控也是以培养方案为依据。由此可见，质量保证体系的基础是质量标准，核心是人才培养方案。专业人才培养方案编制，对专业人才培养工作和质量保证具有重大作用。

4.1 培养目标与就业市场

4.1.1 对接就业岗位

在专业人才培养方案中，培养规格设置应与毕业生目标就业市场需要相匹配。具体来说，培养规格中的知识、素质、能力要求设置，应结合毕业生就业岗位工作之要求。这是专业教育服务学生发展与社会经济发展的融合点。

教育部在设置专业目录时，根据国家产业发展状况，从方向上对各专业的就业岗位、培养目标、课程体系设置，提出了原则性要求。各学校可根据当地社会经济实际状况，对毕业生就业岗位、专业培养规格和课程体系设置做出具体、适应性调整。

案例：广州城市职业学院食品营养与检测专业①

一、专业人才培养目标

专业面向珠三角地区食品营养和食品检测相关产业，服务食品营养与健康管理、食品安全检测等企事业单位，培养学生掌握公共营养咨询及指导、健康管理、营养配餐、食品检测等职业技能，从事公共营养师、营养配餐员、食疗药膳制作员、营养食品品质管理员、食品检验工等岗位工作，实现德、智、体、美全面发展，成为具有良好的文化素养和诚信品质、创新精神和创业意识的高素质技术技能人才。

二、人才培养规格

1. 素质结构

（1）思想政治素质：具有正确的世界观、人生观、价值观，热爱祖国、爱岗敬业、诚实守信。

（2）职业素质：具有扎实的食品营养与检测专业知识、技能和良好的职业道德、服务社区和营养健康意识，及绿色环保和食品安全意识。

（3）人文与科学素质：具有良好的合作意识和团队协作精神、正确的审美观、科学精神。

（4）身心素质：具有良好的身体和心理素质、高度的责任意识和安全意识。

2. 知识结构

（1）文化知识：掌握基础文化和中国饮食文化知识。

（2）专业知识：掌握通用化学、食品化学、营养与健康、食品检测等职业岗位基础知识。

3. 能力结构

（1）职业通用能力：具有良好的社交能力和应变能力、熟练的计算机应用能力。

（2）职业专门能力：具有营养健康咨询与食谱制定能力、营养配餐及食疗药膳制作能力、营养食品品质管理能力、食品检验能力、创新创业

---

① 广州城市职业学院食品营养与检测专业人才培养方案（2019级），广州城市职业学院教务处。

能力。

（3）职业拓展能力：具备食品加工技术、食品生物技术、企业经营与管理、实验室建设及管理等职业能力，能够从事食品及保健食品生产管理、销售等岗位工作。

> 标准7：培养目标与学校战略思想和利益相关者的需要相适应；毕业生就业市场定位清晰；对招生要求、培养要求和毕业生就业去向的信息明确；培养方案有利于提升招生和就业质量。

标准7在总体上规定了专业人才培养工作应有利于办学目标实现。考察这个标准是否落实在人才培养工作中，可以将观察点放在专业培养目标设定与学校办学定位之间的关联性上。学校人才培养目标定位为专业人才培养工作指明方向，专业人才培养是学校办学定位的具体落实。比如，高职院校将人才培养目标定位于"高素质技术技能人才"，落实到具体专业上，就应针对服务对象的特点、学校办学特点和本专业自身特点，在培养规定的知识、素质、技能上，提出具体目标设定，以回应学校办学定位之要求。

满足办学利益相关者之需要，是市场对人才培养质量提出的要求。利益相关者包括学生本人、学生家长、毕业生用人单位，以及教育举办者（政府）。以就业为重要目标的职业教育，毕业生与就业岗位的适应性是教育教学质量评价的重要依据。就业质量与国家社会经济发展紧密相关，比如，随着国家"一带一路"倡议推进，对职业教育国际化发展的要求越来越高，海外就业岗位增加，专业人才培养必须适应全球化背景下的环境变化，培养的人才应该具有国际化发展的适应性。

基于学习产出的专业人才培养工作质量评价，关注学生学习成果获得，强调学生成长和专业能力提升。因此，质量评价须通过对用人单位、毕业生和在校生调研取得，见图4-1。

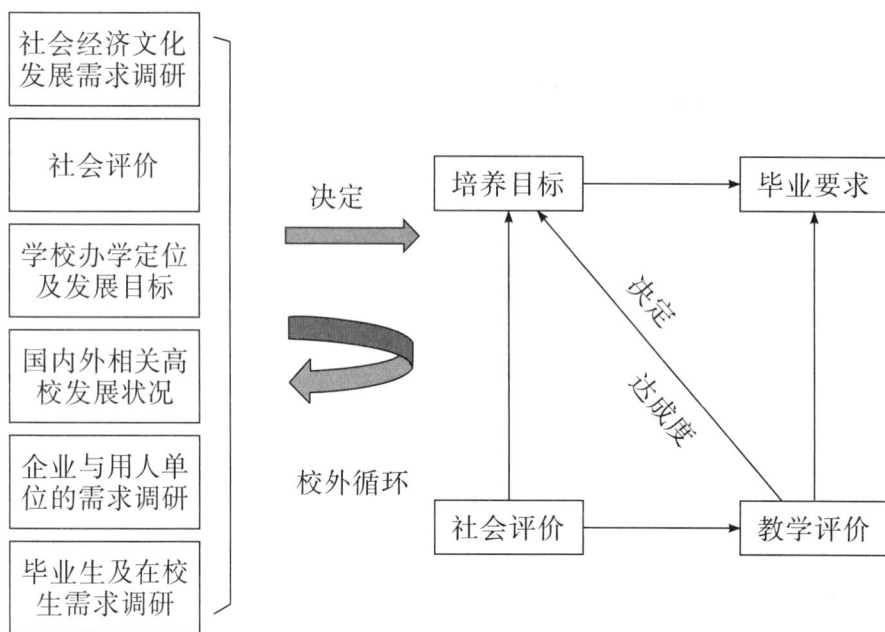

图 4 - 1 确定培养目标

　　培养工作质量评价应反映学生的毕业要求，以及他们在专业领域预期能够取得的成就，预期成果影响学生今后发展方向。毕业要求是指学生从该专业毕业后，培养目标岗位上的知识和能力匹配性。通过对专业培养目标评价，以保证对现有培养目标进行持续改进，继而完善毕业标准和课程体系，确保培养目标始终符合社会需求和学校定位，见图 4 - 2。

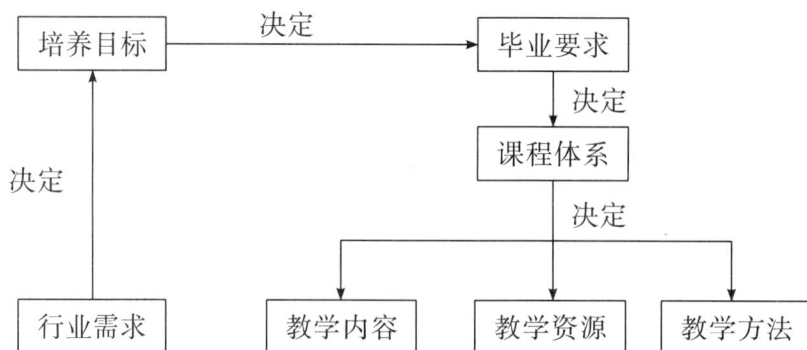

图 4 - 2 培养目标、毕业要求、课程体系之关系

　　对于专业人才培养工作质量评价，可以通过毕业标准达成度（校内培养阶段目标达成度）来衡量，也可以通过用人单位对毕业生的认可度（职业发展目标匹配度）来衡量。培养目标达成度主要由课程体系、培养环节、教学内容等方面指标来衡量。毕业生到用人单位就业匹配度，可用主要就业岗位核心能力掌握程度来衡量。培养目标是否合理，直接影响到学生毕业标准、综合素质培养和学校教育质量。因此，要对培养目标进行论证，并与时俱进地调整、优化，确保培养目标符合社会经济发展需求，符合学校办学定位。

4.1.2　适应招生与就业

任何教学活动都基于一定的生源状况，生源质量影响专业人才培养质量。进入高等教育普及化时代，只要有人愿意入校学习，注册入学已经没有门槛。但课程学习门槛却客观存在，这是专业教学工作开展的底线要求。在这种情况下，入学新生文化水平（如录取新生的考试分数）、第一志愿报考情况、生源地区分布等，都是直接影响专业人才培养质量的重要因素。

培养方案编制既要考虑学生学习要求，也要结合就业市场需求，社会经济发展状况直接影响到学生就业。比如，改革开放初期，酒店服务与管理专业学生进入五星级酒店工作，被认为是有吸引力的高端就业。但进入21世纪，酒店服务岗位不再是高职院校毕业生向往的就业去向。另外，科技和产业发展也在改变毕业生就业岗位，比如，会计专业毕业生，过去通常在核算、计账、出纳等传统岗位工作，但随着信息技术发展，传统岗位工作逐步被人工智能替代，部分院校的"会计"专业名称也调整为"大数据与会计"。专业团队须根据信息技术发展，对专业核心能力和课程体系进行调整、修订。为此，要求专业团队须清楚掌握技术发展对专业人才培养的影响，并落实到培养过程中。

虽然专业人才培养方案对学生毕业标准提出明确要求，但在高校常以课程考核成绩是否合格、毕业设计是否通过作为毕业资格审核标准。但从根本上来讲，它并不代表培养方案设定的培养目标达成。课程合格与培养目标是否达成之间存在两个问题，一是课程设置与培养目标之间的对应性，二是课程考核与学业达成之间的对应性。因此，以课程考核代替毕业标准值得商榷。

专业团队是否对本专业毕业生的就业单位、职业岗位和用人单位对毕业生期望要求有清晰的了解，是判断专业培养质量的重要观察点。职业教育服务于学生就业，专业教学团队通过对毕业生主要就业单位开展调研，了解他们对毕业生的期望，并将这些要求列入培养内容。因此，建立定期开展专业调研（或在编制专业人才培养方案之前的专项调研）工作机制，调研专业对应的产业和岗位是编制专业人才培养方案的基础工作，内容包括专业发展调研、行业调研和企业岗位调研，以定位专业特色、办学方向、课程体系和教学内容。

4.2　课程设计

> 标准8：清晰地展示学生的学习效果、培养目标实现路径。培养方案应有利于达到预期的学习结果，内容包括教学与管理团队、课程设计、体现国际视野、社会发展趋势，以及用人部门需求等，并在课程设计中能够展现出来。

4.2.1　预期学习结果

课程教学内容、学习路线和预期学习结果，大多以课程教学标准展示，这也是编制课程教学标准的基本要求。从文本形式来看，教学标准是一份课程教学文档，内容包括课程描述、阅读材料、学习活动、评分标准、学术诚信、教学日程等。教学标准是关于课程教学的系统化设计，是根据学生学习规律设计的教学路线。它是课程教学的依据，也是课程教学质量保证的出发点。

系统化教学设计分为两部分：一部分是教学约束条件分析；另一部分是教学措施分析。教学设计是在一系列约束条件和可选措施之间的权衡，以追求教学效果和效率的最大化，如图4-3所示。

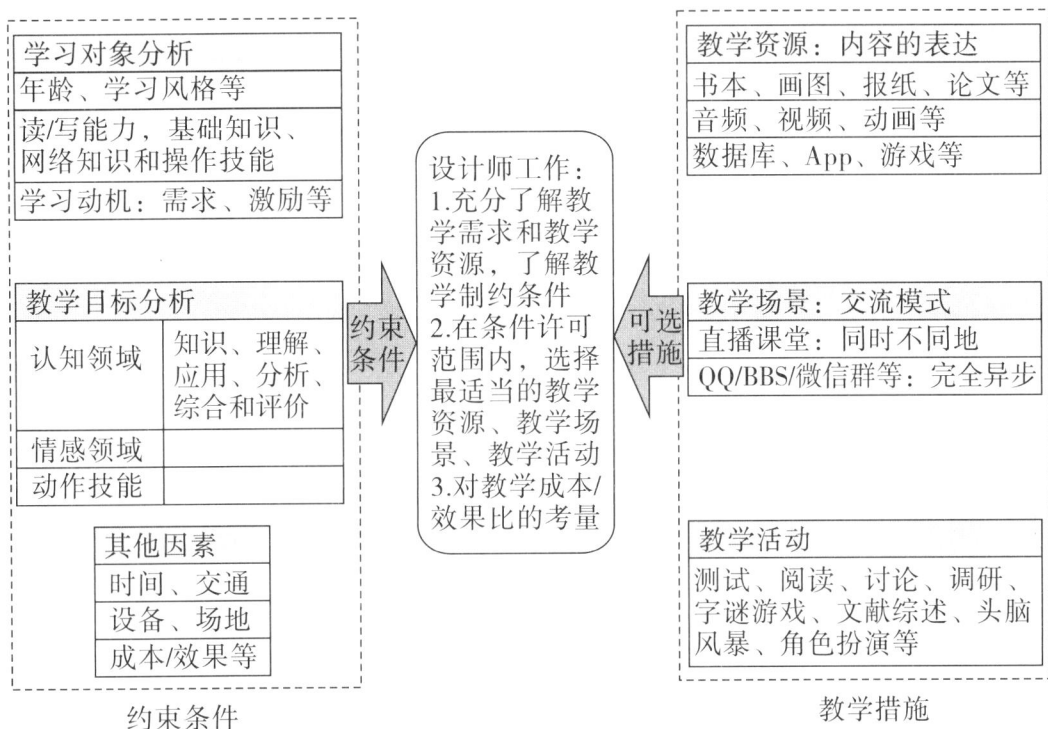

图 4-3 "约束条件—教学措施"教学设计模型

系统化教学设计的起点是学习对象和教学目标分析，找出教学目标和教学约束条件。教师在对学习对象、约束条件和教学目标作出充分分析的基础上，选择合适的教学资源、教学场景和教学活动，并按时间顺序进行组织和安排，以实现预期的学习效果，这种选择以教学标准展示出来。从教学目标和教学理念出发，编写教学标准（教学系统化设计），在定位和设计上须解决以下主要问题：

一是言行不一致。课程主要是通过口头表达和书面写作的言语符号来展示，但教学和考核更应该关注学生的行为表现，而不只是纸面上的表达。比如，依赖言语符号作为主要教学方式的思想品德课程，很容易培养出表达很好、但言行不一致的学生（俗称高分低能）。

二是理实不一体。对于"理实一体"课程，教师往往执念于理论，但教学的最终目标是培养学生做人做事的能力。正确处理理论与实践的关系，是改进教学质量的基础。

三是方法不得当。高校课程学习会用到一些背诵和答卷学习方式，但这已经不是培养学生养成遵守规范的有效方法。行为规范的养成，需要长时期、反复的检查与反馈。

四是轻视技能学习。学生在学习过程中有大量技能类学习目标，如通过阅读筛选信息、写作表达、演讲、交流等。课程需要进一步明晰教学目标，准确描述学生学完后能够做什么。

五是不能与时俱进。大学课程中的哪些内容须保持稳定？哪些内容应与时俱进？不断变化的课程怎样承担文化传承的责任？这是教师在进行课程教学设计时须解决的问题。

六是建构主义、通识教育、批判性思维教育不到位。教学活动要以科学教育理论指导，把科学理念落实到每一门课程中，按照人才培养理念，思考和设计每一门课程，才能达成课程教学改革目标。

课程教学改革目标是教学标准设计的出发点，也是落实教育教学改革理念、更新知识观念、组织和加工教学内容、安排教学活动的基础，是改进和提高课程教学质量的最重要环节。在课程教学实施阶段，学生主要学习行为就是按照教学标准要求，完成各项学习活动；教师主要教学行为，也是按照教学标准预先设计的要求，对学生学习成果进行及时反馈与评价。学生学习投入和教师教学投入是影响教学质量的重要因素，因此，在教学过程中要跟踪、监督教学活动过程和教学效果评价，这也是课程教学质量保证的核心工作。

编制人才培养方案和课程教学标准，把预期学习结果以专业人才培养规格展示，具体包括以下的"预期学习结果"：

一是知识目标。专业课程包括专业逻辑下的知识体系，其中涉及人文社会、科学基础、专业发展、应用技术等。虽然高等教育归类于专业教育，但公共基础教育仍然是其最重要的部分。专业知识体系不仅仅覆盖专业自身，还包括专业基础，以及与专业应用相关领域的知识。知识目标不仅仅是专业领域科学技术知识，更重要的是技术应用知识，以及技术应用对社会自然和经济人文影响的相关知识。比如，核子科学和技术研发，对于社会发展影响有两面性，在对社会环境和人们生活质量产生巨大影响的同时，人类社会开始担心发生核战争的可能（比如，切尔诺贝利核电站事故对自然和人类社会产生的巨大影响）。对于知识世界的探索，推动人类对自然和社会的认识，转变人们的生活方式，但对于知识的终极探索会产生什么样的后果，人类并没有根本把握。

二是专业技能。专业面对社会问题，需要开发相关技术，将科学知识转变为可以解决现实问题的工具。专业技术由简单到复杂，可以分为单一技术、综合技术和应用技术。由于专业面临的问题日趋复杂，现代专业技术已经不是简单的单一技能，解决问题需要多种复合技术组成工程技术。从技术扩展到工程，不仅面临技术本身的复杂性，更重要的是需要解决技术应用可能导致的相关问题，比如，环境问题、经济问题、伦理问题等。工程技术发展对社会的影响，越来越多地为人们重视。

三是情感态度。它是指学生在面临专业问题时的立场和观念。处理专业性问题会涉及复杂的相关因素，包括对问题的态度、对相关人员的态度、对于处理问题方式的态度等，态度往往直接影响到专业技术应用效果。以积极、理性、大局观态度迎接可能遇到的工作问题，这是专业人才必须具备的基本职业素质。

四是职场情况认知。工程技术类专业的目标是应用性，用以解决工程技术问题。而工程技术问题解决，不仅仅取决于技术本身，还与技术应用的相关环境条件密切关联。这就要求专业人才对于技术应用可能所涉及的环境条件有深刻了解，并为解决环境问题做好必要准备。比如，不同专业工作环境相差很大，有些是技术密集行业，有些是劳动力密集行业。技术密集行业需要在各项技术工作相互配合下，形成系统工程，而劳动力密集行业需要解决劳动力密集产生的人际关系问题。

五是国际视野。国际化是当今世界发展的潮流。进入 21 世纪以来，中国实施国际化发展战略，要求专业人才培养走国际化人才培养路子，培养具有国际意识和能力的专业技术人才。比如，引入国际高等教育人才培养模式、引进国际工程技术标准和教学标准、与国际高等学校合作培养人才等，都是国际化发展的有效路径。

六是社会发展趋势认知。培养具有现代意识的专业技术人才，是专业教育必须关注的元素。学生应对当代社会经济和人文发展有所了解，并能够做出独立判断，超越他们自身的专业技术领域，在未来的工作岗位上，具有全球意识和责任。比如，近年来创新创业教育正兴起，创新性作为高等教育的本质特征，重在培养学生独立思考、开创自己的事业。这就要求学生在遇到问题时，能够充分发表自己的见解，敢于提出不同的观点。

4.2.2　专业人才培养方案构成

专业人才培养方案基本框架结构包括：招生对象及学习年限、培养目标、培养岗位与职业能力、人才培养规格（素质、知识、技能结构）、培养方案体系架构与课程、专业核心课程、学生课外活动、资格证书与技能等级证书、毕业标准、教学进度安排等。质量标准在以下方面提出基本要求：

（1）专业课程结构比例科学合理。从促进学生全面发展出发，对培养方案中课程体系构建、各类课程设置比例有一个原则性要求。比如，参照《悉尼协议》① 关于工程技术类专业人才培养要求，各类课程比例应做到：

自然与人文课程比例不少于总学时数的20%；

专业基础与专业课程比例不少于总学时数的60%；

实践课程学时占专业课程总量比例不少于50%；

选修课程学时比例不少于总学时的15%等。

高校可以根据自身特点和专业人才培养要求，参考国际教育例行做法，做个性化调整。由于不同区域社会经济发展状况不同，技术应用水平也不相同，因此，即使是同类专业，由于区域环境和服务对象特殊性要求的不同，课程体系设置也会有所差别。

（2）专业团队清楚了解培养方案中的课程结构。专业课程体系是关于学生学习路径的设计，因此，必须符合知识体系架构和学生学习进程之间的逻辑关系。专业团队要有清晰的课程体系设计思路，了解学生的知识、技能和素质是如何遵循教育教学规律逐步提升。课程结构应包括以下基本要求：

课程衔接：纵向一贯、横向协调；

---

① 《悉尼协议》是针对高职的国际化的专业建设范式，遵循着"实质等效"的建设标准与"持续改进"建设理念，以学生为中心，根据各个学校的专业优势与地域特色进行培养目标的制定，并通过课程体系、师资队伍、设施建设、支持条件的质量监控和不断建设，有效保证毕业要求的达成。

课程进程：教与学的时间安排（学时）；

总体教学目标、主要实现方法、教学评价目的与方法；

课外学习活动占总学分（4%）等。

课程体系设置要符合学分制要求，为学分制运行提供空间。比如，在设置必修课程模块时，应考虑学生修读课程具有可选弹性，以落实以学生为中心的学习过程。

（3）列出课程或课程模块信息。培养方案是教学活动开展的基本规范，教学活动必须遵循方案设计。为此，培养方案须明确列清楚开设课程的基本信息、课程教学设计和教学活动组织。课程教学信息主要包括以下内容：

课程介绍：课程主要内容和基本架构，以预期学习效果展示课程教学目标。

课程教学标准：教学内容单元划分、技能训练流程设计、重点难点确定、概念术语的逻辑关联等。

教学方法：课程采用案例教学法、模拟教学法、讨论法、实践法等教学方法。

评价目标与方法：提出基于课程教学目标达成度评价的学生学业成绩考核方法，基于学习过程的学习效果评价。

案例：专业人才培养方案（框架）

广州城市职业学院专业人才培养方案（框架）

（年级： ）（专业代码： ）

一、主体部分

1. 招生对象及学习年限

2. 培养目标

3. 培养岗位与职业能力（核心岗位"★"）

序号	培养岗位	岗位描述	职业专门能力	对应课程

4. 人才培养规格

（1）素质结构。

（2）知识结构。

（3）技能结构。

5．培养方案体系架构与专业课程

6．专业核心课程

核心课程1						
学期		总学时		理论学时		实践学时	
教学实施说明：						

7．学生课外活动

8．资格证书与技能等级证书

（1）通用能力证书。

（2）职业资格（专业技能）证书。

9．毕业标准

10．教学进度安排

二、支撑部分

1．专业特色

2．师资队伍

3．主要实训环境

4．校企合作

5．专业群

专业群名称	
群内专业	
核心专业	
群内资源共享	

4.2.3　课程设计理念

高校以《专业人才培养方案编制与管理办法》明确规定协同育人单位

参与人才培养方案编制和课程设计,并在培养方案和课程标准中落实。企业参与职业教育专业课程教学标准编制,有助于把行业职业标准引入课程标准,最简单的方式是在课程标准中吸纳职业资格认证课程的相关内容和要求。

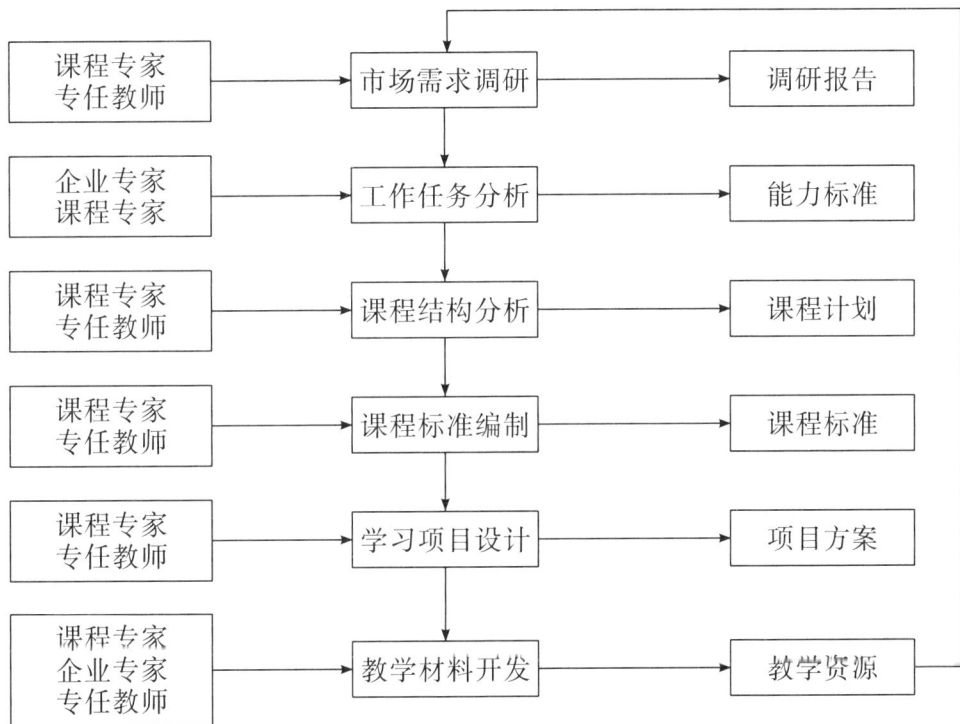

图4-4　项目化课程开发程序

工程技术类专业较多采用项目化课程设计,它是以实际工程项目问题解决过程为载体,将完成工程技术所需要的知识、素质和能力融入其中,以项目工程完成过程培养学生解决工程技术问题的能力。这类综合性工程能力培养的项目课程开发,遵循一定的规律性:一是课程开发由专任教师、企业专家、课程专家组成课程开发团队,共同参与、分工负责,分别在课程开发中,担任不同的角色、承担不同的任务;二是采用"市场需求调研—工作任务分析—课程结构设计—课程标准编制—学习项目设计—教学材料开发"规范程序,课程开发的不同内容,分别由课程开发团队分工协同完成。如图4-4所示。

课程设计是否借鉴专业领域最新技术成果和工程实践项目,直接影响专业人才培养前沿性。新的专业技术和方法，往往在最新工程项目中应用。因此，课程设计与什么样的企业和项目合作，在相当程度上代表了专业前沿性。工程技术专业人才培养，强调理论教学与工程实践融为一体。因此，课程设计须将理论学习与专业领域实践有机结合。比如，课程项目要采用最新设计理念，并在教学中展示学生创新意识和创业精神。

工程技术专业人才的培养要超越工程技术本身领域，把握与专业相关领域的发展趋势（如企业的社会责任、行业和环境可持续发展等），将工程相关领域要求融入课程。比如，建造一座工程水坝，要关注水坝对社会环境整体的影响，包括航运、农业、生态、地质、安全、居民生活等方面因素。

随着国家产业发展和"一带一路"倡议的推进，海外产业发展和产业国际化发展都对职业教育提出了国际化要求。培养方案如何体现国际化人才培养理念，可以从以下方面切入：

一是在课程设计中引入国际标准，参考国际同类课程开设理念；

二是提高课程内容的国际化程度，引入国际技术标准和应用案例；

三是关注跨文化能力培养，让学生了解专业技术应用会受到国际文化影响；

四是在培养方案设计中，有计划地安排学生赴海外学习和工作，并保证这种计划的有效性；

五是培养外语能力，提高学生国际交流的能力；

六是引入国际行业职业标准，提高学生国际企业就业竞争力。

案例：职业教育课程改革历程

从 21 世纪初开始，我国高职教育课程教学改革经历了四个阶段，不仅仅是明面上的课程内容、教学模式、开发手段变革，更重要的是隐藏在背后的教育思想、教育观念、教学理念重大转变。在这个过程中，高职课程改革的指导思想，从学科知识体系导向转向职业岗位能力导向，课程构成从学科教育向职业性、实践性特征转变。随着经济产业技术发展，职业能力的内涵不断丰富、拓展，职业教育人才培养目标也从简单的实践操作能力，走向综合职业能力和可持续发展能力。质量评价标准从知识目标达成发展到以取得职业资格为目标，逐步走向职业发展和终身学习能力。

　　第一阶段是强化学生实践技能培养改革。21世纪初，以适应社会需要为目标、培养技术应用能力为主线，构建专业人才培养方案。课程改革的重点在强化学生实践技能培养上，主要特征是以实践能力培养为主旨构建课程和教学内容体系，将课程划分成各个不同的模块开展模块教学，突出专业课程教学的实操性。这个阶段的职业能力被简单地理解为动手能力及实践操作能力。课程体系设计保持"三段式"（基础课、专业基础课、专业课）课程模式。这实际上是将系统化的知识储备简化为有选择的知识储备：基础理论教学以应用为目的，课程评价的标准以"必需、够用"为度。这种课程体系改良，强化通过实践教学环节培养学生实践能力，单独设置实训课程，增加实训、实践时间和内容。

　　第二阶段是基于能力本位的课程改革。它源于引进德国"双元制"核心阶梯课程、加拿大CBE能力本位教育、英国BTEC课程、澳大利亚的职业教育国家资格框架AQF和培训包等，强调以能力作为课程开发的中心，以能力为主线设计课程。对职业能力内涵的理解更侧重于职业适应力，它包括了知识（与目标岗位工作紧密相关的理论知识和新技术）、技能（目标岗位工作所需的实际操作和解决问题的能力）和态度（职业道德标准和行为规范）。将学生能力培养融入教学过程，对学生的评价不是以专业知识的掌握，而是以获取从事某种职业所需的能力为标准，以学生是否达到行业的劳动资格，即是否具有适应工作岗位的能力作为评价标准。与基于实践技能的课程相比，它在课程设计上以职业能力为起点，更注重在劳动、工作中培养学生的能力，构建以职业能力培养为基础的新课程模式。

　　第三阶段是基于工作过程的课程改革。它是基于典型工作任务的分析，在设计上解构了传统的学科体系，重新构建了符合职业能力形成规律的职业教育模式。2006年《教育部关于全面提高高等职业教育教学质量的若干意见》（教高〔2006〕16号）提出把改革人才培养模式的要点放在"推行工学结合、突出实践能力培养"上，通过校企合作培养人才，体现人才培养模式的实践性、开放性和职业性。它要求校企共同开发课程，根据技术领域和职业岗位（群）的任职要求，参照相关的职业资格标准，改革课程体系和教学内容，考核评价形式也由单一的学校评价转变为学校与企业共同评价。这一模式下的课程内容来自职业行动领域里的工作过程，以行动体系重构课程内容，将典型工作任务经过行动领域、学习领域、学习情境三次转换得到了课程教学的实施方案。它对职业能力内涵的理解不仅仅局限于职业的适应力，还体现了职业的迁移力。

第四阶段是工学结合课程改革。课程不仅关注开发，更关注如何实施，要求行业企业全面参与教育教学各个环节，校企合作共同开发专业课程和教学资源，形成了"双主体、双育人"的教育模式。它使得课程在目标定位、课程内容选择方面更贴近行业、企业的实际需求；课程内容引入行业企业技术标准，实现专业课程与职业标准对接、与岗位对接；课程教学和课程评价主体也是由学校与企业共同担任。工学结合课程开发不仅要以提高学生综合职业能力为目标，还要以服务学生终身发展为目标，关注学生职业生涯可持续发展的需求。基于工学结合的课程，不仅要求教学过程与生产过程对接，而且在设计、开发、实施、评价的整个课程链上要求校企共同完成。

4.2.4　课程教学质量

课程质量保证需要设置两个边界：一是守住教学质量和学习成效的下界，二是突破提高教学质量和学习成效的上界。把课程开设成为学生敬畏的"金课"，就要在教师选用、授课和命题等关键环节中坚守底线，确保课程质量和学习成效。不能把"以课时计工时"的课程教学当作"挣工分"，教师要结合自身学科特点，创新课程内容和教学方法。在教学技能培训方面，新教师要完成从全程听课、批改作业、讲授习题课、部分授课、在老教师指导下开展全程授课到独立全程授课的培训过程（需要用 1～2 年的时间方能完成），以保证课堂授课质量保持较高水平。

当下，课程思政已经成为一场教学改革，但改革须坚守价值塑造、能力培养和知识传授"三位一体"的人才培养理念。价值塑造不是仅仅将思政嵌入教学内容和教学方法实施过程，更重要的是通过教师自身对教学和学术的敬畏态度，在言行上落实立德树人，让学生在耳濡目染中形成正确的价值观和学习观，从而做到敬畏课程、敬畏学习。

课程质量如何达到世界一流高水平？与国内外同行交流是一条有效路

径。它通过国际交流，更新教学内容、改进教学方法。比如，在慕课、翻转课堂、雨课堂应用等前沿教育资源和教学工具方面，既要同步国际进展，也要突出中国贡献。强调校本特色，让学生既能够与世界一流大学同频共振，又可以体会和感悟中国对世界的贡献。

在移动互联网时代，教师可利用慕课和雨课堂等前沿教育资源和教学工具，进行线上线下知识传授，将优质在线教育资源应用在课堂上。利用学生学习行为和学习效果大数据，分析教学效果，能帮助教师将课堂教学从"用艺术形式传递科学知识"逐步变成"用数据分析提升课堂洞察"，从而更好地用艺术形式传递科学知识。

以灵活性学习满足学生的不同需求。比如，教师采用翻转课堂等最新教学方法和手段，学生可根据自己对学习成效预期和可能投入，选择学习方式。在确保学习效果前提下，满足学生不同学习需求。"两性一度"作为高质量课程的标准，在高阶性方面，知识和能力培养有机融合；在创新性方面，教学内容反映学科前沿进展，培养学生创新意识和能力；在挑战度方面，提出更高学习要求，帮助学生获得更大学习成效。

学习成效是高质量课程唯一评价标准，保证课程质量就是守住课程质量和学习成效的下界；同时，在教学内容、教学方法和教学手段方面，要勇于创新，不断突破课程质量和学习成效的上界。

4.2.5 课程质量标准与评价

质量标准是达成人才培养效果的重要控制手段，也是质量评价的基本依据。教学质量控制是一个系统工程，既要落实国家意志层面的教育标准体系，又要建立基于国家职业教育标准体系的学校内部制度标准体系，更要构建落实质量标准的课堂教学标准。课堂质量标准是以课堂为场域设计教学标准，建立以教师教学能力为核心的课堂质量保障体系，提高课堂教学科学性和有效性。

高等职业教育大规模扩张，职业院校出现教师短缺、结构性矛盾突出、专业化水平偏低等问题，成为制约职业教育改革发展的瓶颈。课堂教学是连接学校制度要求、专业标准、课程标准、教师发展、学生成长最为重要的一环，是教育教学核心要素的汇集中心。课堂教学有效性、高效性直接关系到教学质量，教师作为课堂教学第一责任人，教学能力直接影响教学质量，课堂教学改革和教师教学能力提升是质量保证的重点和焦点。

高效课堂认证①是关于教师教学能力和课堂教学效果评价，是对课堂教学的科学性、有效性、高效性评价，是在课堂教与学交互中，对教师教学能力和学生学习结果评价和确认，考量师生共同达成教学目标的程度、速度和效度，进而优化教学、促进学习。课堂教学质量认证可分为三级：

第一级，初次认定的教师应取得教师资格证，且有 1 年以上主讲课程经历。

第二级，初次认定的教师应有 3 年以上教龄，且给 3 届以上毕业生主讲课程。

第三级，初次认定的教师应有 6 年以上教龄，且给 6 届以上毕业生主讲课程。

教师教学能力评价应坚持"能力本位、学生中心、成果导向、持续改进"理念，"能力本位"强调在人才培养过程中，聚焦教师教学能力提升，推动教育教学专业化，坚持专业理论与职业实践相结合、职业教育理论与教育实践相结合；"学生中心"坚持"人人皆可成才"教育观，遵循学生成长成才规律，强调学生的主体地位，以学生为中心配置教育教学资源、组织课程和实施教学；"成果导向"强调以学生学习效果为导向，针对学生核心能力和素质要求，以学生获得感评价课堂教学质量；"持续改进"强调对教师课堂教学进行全方位、全过程评价，并将评价结果应用于教学诊断与改进，推动人才培养质量持续提升。

基于上述理念，教师课堂教学能力评价应定位于：一是引导教师提升自身理论教学和实践教学能力，深化教师、教材、教法改革，促进个体成长和团队创新；二是引导教师持续推进课堂教学改革，注重专业精神、职业精神、工匠精神培养；三是引导教师运用大数据、人工智能等现代教育信息技术，构建"以学习者为中心、师生共同成长"课堂教学生态。

---

① 联合国教科文组织（UNESCO）认为，"认证是由（非）政府或私营机构对整个院校或特定教育项目的质量所做出评价的过程，以便正式承认其已达到某种预定的最低指标（criteria）或标准（standards），其结果通常是授予某种地位（是/否的决断）或得到认可，有时是颁发有一定时效性的营业执照"。

教师课堂教学能力认证应坚持以下原则：一是分类认证。基于专业教学标准规定的课程类型，进行课堂教学分类认证，编制不同类型课堂教学认证标准，确保认证标准科学性、规范性，以及认证结论与教学实践一致性。二是协同推进。学校和专业团队建立整体设计、有效衔接、分工明确、分批实施的工作机制，确保认证工作有序开展。三是强化主体责任。学校质量中心（或教师发展中心，或教务处，或人事处）承担教师课堂教学能力评价主体责任，明确专业团队在专业和课程质量建设、教师在课堂教学质量保障中的主体责任。四是采用多种评价方式。采取常态监测与周期性认证相结合、定量分析与定性判断相结合等多种方式，多维度、多视角、多方位监测评价课堂教学状况。

案例：课堂教学质量认证

湖北省在全国较早探索课堂教学质量认证。如襄阳职业技术学院 2010 年开始探索创新型课堂教学模式，提升课堂教学标准和质量要求；湖北生物科技职业学院 2014 年出台教师课程主讲资格制度，提升主讲教师标准；湖北水利水电职业技术学院 2014 年实施课堂教学质量保障体系，出台《高效课堂评价标准》。

2014 年，浙江省推动高校创新课堂教学，在全国率先发布《高校课堂教学创新行动计划（2014—2016 年）》；宁波职业技术学院 2016 年将"有效课堂认证"制度化，纳入教学常规工作。

高校课堂教学能力评价，可以从课程设计、课堂实施、资源利用、教学评价、教学创新 5 个维度编制高效课堂的质量评价指标。

（1）课程设计。课程设计是课程评价的首要环节，也是质量评价体系的基础，关系到评价科学性。课程评价要素主要包括课程整体设计和单元设计。其中，公共基础课程评价标准重在体现立德树人根本任务，落实课程思政整体要求，注重提高学生综合素质，突出应用性和实践性，注重产教融合，注重学生关键能力培养。

（2）课堂实施。课堂实施是课程评价的重要环节，也是整个评价体系的核心，关系到评价要素集聚和效用发挥。课堂实施要素评价指标主要包括教学目标、学情分析、教学内容、教学方法、教学过程和教学效果。公共基础课程评价注重教学方法手段灵活运用，关注教与学信息动态采集、教学互动；专业课程评价注重专业人才培养方案的契合性，注重学生专业技能培养，关注教学在多大程度上符合人才培养目标要求。

表 4 - 1   教学评价要素指标及评价标准

要素指标	公共基础课程评价标准	专业课程评价标准
诊断性评价	学期课程开始时，分析诊断学生课前学习准备情况，准确了解学情（含不利学习因素），以学定教，以学评教，以学助教；确定是否需要分层教学	学期课程开始时，分析诊断学生课前学习准备情况，准确了解学情（含不利学习因素），以学定教，以学评教，以学助教；确定是否需要分层教学
形成性评价	课堂教学或单元教学结束后，确定学生学习结果和教学效果；密切关注教与学全过程信息的动态采集；确定是否调整教学方案，改进学习过程	课堂教学或单元教学结束后，确定学生学习结果和教学效果；密切关注教与学全过程信息的动态采集；确定是否调整教学方案，改进学习过程
终结性评价	课程教学总目标实现状况的优劣；学生评教、督导评教、同行评教实现状况的优劣；核心知识点测试合格率达标情况，综合评定课堂教学的有效性	课堂教学总目标实现状况的优劣；学生评教、督导评教、同行评教实现状况的优劣；核心知识点测试合格率达标情况，综合评定课堂教学的有效性

（3）资源利用。资源利用是影响课程质量的重要因素。资源利用要素指标主要包括资源建设和应用，公共基础课程和专业课程评价标准均应强调有关教学资源的实际教学应用，强调信息化教学方式。

（4）教学评价。教学评价关系到质量保证倒逼工作机制建立，评价方式主要包括诊断性评价、形成性评价、终结性评价（见表 4 - 1）。公共基础课程和专业课程评价标准应强调诊断改进思维、动态调整教学，注重评价的科学性和有效性。

（5）教学创新。教学创新是课程质量评价的高阶要求，也是课堂教学改革方向。公共基础课程教学创新评价注重引导学生树立正确的理想信念、学会正确的思维方法、培育正确的劳动观念；专业课程评价强调创新实训教学模式，注重学生的实践体验。

围绕质量评价指标，根据不同教学环节的不同工作任务，设计若干教学活动作为课堂质量评价载体，以便质量评价开展。比如，常用的活动形式有质量建设研讨会、说课程汇报会、教学能力竞赛、随机推门听课、知识技能抽样测试等。

组织召开教学质量建设研讨会（比如，专业人才培养方案研讨会、课程标准建设研讨会等），旨在达成专业人才培养方案和课程教学标准修订共识。说课程汇报会是指专业团队就课程教学设计主题，邀请行业、企业专家参加研讨会。在研讨基础上，教师修改完善课程整体设计。组织教学能力竞赛，从教学单元设计中抽取教学内容，在制作参赛作品、讲解模拟教学、答辩三个环节开展比赛，并修改完善课程单元设计。随机推门听课是指由专家随堂组织学生评教、督导评教，评课后与教师进行面对面交流，并提供教学诊断。知识技能抽样测试即随机抽测学生核心知识和技能点的通过率，作为教师教学能力、教学工作质量的评价依据，也可作为专业和课程建设评价的重要指标。

4.2.6　教学设计与实施

当下，"一本书的大学"现象并不少见，它是指教师只教一本教材，学生只学一本教材。推进课堂教学改革，旨在解决教学止于"教教材、学教材"的问题。更新课堂教学逻辑，突破单纯地陈述讲解教材知识的做法，是教学改革的主要任务。教学改革方向是以教学设计替代备课，教师要发挥课堂教学设计师的作用，开展教学内容、教学问题和教学组织形式设计，使教学改革向深度拓展。

高校教学改革可分为两个层面：一是宏观层面，即从学校、社会或国家角度考虑教学改革，关注一些影响整体或全局的理论、政策或制度问题，如专业人才培养方案修订或调整、学科专业结构调整、教学评估与质量保障等；二是微观层面，即从师生角度考虑教学改革，关注的是教师教法、学生学法，以及影响教学质量的各教学环节、各要素，这类改革涉及全体师生。宏观与微观两个层面教学改革都是必要的，缺一不可，但在高校教学改革中，宏观层面的话语权更大，微观思维明显式微。这是教学改革难以真正进入课程、难以为教师和学生所接受的主要原因。

虽然不同的人对同一位教师教学水平和质量的评价结果可能大不一样，不同时期的课程教学条件和要求差别很大，教学质量评价标准也会存在很大差别，但即使是课堂教学质量评价标准有相对性，也不影响课程教学质量评价工作的开展。当下，高校流行"金课"说法，所谓"金课"有两个层面意义：一是"金课"质量高，更能让学生受益；二是"金课"有示范性，它能为教师讲课提供典型范例。

课程教学质量高低对教育效果有直接影响。课程教学质量高，学生收获大、受益多，还能提高学生的学习兴趣。"水课"是指课程教学质量低劣，学生收获少，甚至没有收获的课程。课程教学改革的目标就是消除"水课"，从教学目标角度来看，"水课"有五种课堂表现：

一是照本宣科（或照屏宣科）课堂。在课程教学过程中，教师完全只宣讲教材内容，或将教材内容搬到 PPT 课件上照着讲解，教师所教自始至终都只是教材上的知识。

二是"满堂灌"课堂。学生学习完全通过教师的讲授来灌输，教师灌得多，学生就学得多；教师灌得少，学生也就学得少。在课堂上常常听到的感叹是"内容太多讲不完"。

三是"独角戏"课堂。教师占领课堂所有时间与思维，教学过程完全是教师个人表演，学生只是通过观看教师的讲授、示范等言行进行学习。

四是无"激情"课堂。教师在教学中表现出职业倦怠感，上课只是为了应付学校考核和工作量要求，对教学缺乏激情和热爱，没有愉悦情绪体验。

五是学生被动学习课堂。学生缺乏主观能动性，只是按照教师的要求做，把教师教的内容牢记、理解。

高校课程的根本特征是创新性，"水课"既没有创新内容，也没有创新精神。"水课"课堂上的学生，陪着教师度过了一学期，只是拿到了学分，却没有获得个人品质和修养升华、认知和动手能力发展、态度和思想进步。"水课"教师本人也不能从课堂教学过程获得自我实现的体验，感觉不到自身生命在学生身上延续与弘扬。"水课"越多，学校教育教学水平越低，人才培养质量越差，距离创新型人才培养也越远。

有些教师已经习惯于以教材为本的教学，但教材是为教学所编撰的参考书，教师参考教材组织教学，只是为了避免在课堂上天马行空，学生无所依从。一门课程所涉知识往往包含了一个学科或多个学科领域的相关知识，而教材所包含的知识非常有限，如果教学只要求把教材知识学会弄懂，教学质量就不可能高。从高校课堂教学现状来看，"一本书大学"有以下表现：

一是学生学习停留在浅层、知识面狭窄。一门课就学一本教材，知识面非常有限，限制学生学习向深度发展，也制约了学生拓宽知识面和视野。

二是只培养基础知识传承人才。学生在课堂上学到了基础知识，只是表明这些知识得到了传承。但如果学生只是学习基础知识，就只能成为基础知识传承人。

三是不能培养复合型、创新型和应用型人才。课程教学大多是关于基础知识教学，有利于基础知识传承，与高校人才培养目标要求相去甚远。

教学设计是将学习理论与教学理论原理转换成将教学资料、教学活动、信息资源和评价的实施计划系统化过程（Smith & Ragan，1999）①。关于教学设计的理论基础，有学习理论、教学理论、系统论和传播理论。当下主流理论有以下两种：

一是行为主义教学设计理论。它认为学习是有机体在一定条件下形成刺激与反应联系，从而获得新经验的过程，强调外在刺激对行为的影响和强化作用。它把环境看作刺激，把伴随有机体的行为看作反应。行为主义学派重视控制学习环境，重视外显行为与强化，以及尊重学习者自定步调的个别化学习策略。这一理论对教学设计的启示是教学要形成塑造或矫正行为的方法，教师要通过刺激以利学习者做出恰当的反应，并对其进行强

---

① P. L. Smith 和 T. J. Ragan 于 1993 年提出，发表在他们两人合著的《教学设计》中。

化。教师通过评估学生的行为，以确定如何开展教学活动。

二是建构主义教学设计理论。它认为学习过程同时包含两方面建构：一方面是对新信息的意义建构，另一方面是对原有经验的改造和重组。学习意义获得是每个学习者以自己原有的知识经验为基础，对新信息进行重新认识和编码，建构出自己的理解。在这一过程中，学习者原有的知识经验因为新知识经验的进入而发生调整和改变。建构主义学习理论对教学设计的启示是把"情境""协作""会话"和"意义建构"定义为学习环境中的四大要素，提倡在教师指导下的、以学习者为中心的学习，既强调学习者的认知主体作用，又不忽视教师的指导作用。教师是意义建构的帮助者、促进者，而不是知识的传授者与灌输者。学生是信息加工的主体、意义主动建构者，而不是外部刺激的被动接受者和被灌输的对象。

教学设计模式是运用系统方法进行教学开发、设计理论的简化形式，设计过程基本构成要素如表4-2所示。

表4-2　教学设计模式的基本构成要素

教学设计模式的共同特征要素	分析要素
学习需要分析	问题分析、学习需要、确定问题、确定目的
学习内容分析	内容说明、教学分析、任务分析
教学目标确定	目标详细说明、确定目标、编写行为目标
学习者分析	教学对象分析、学习者一般特征、学习者初始能力评定
教学策略制定	安排教学活动、说明方法、选择媒体等
教学设计成果评价	形成性评价、总结性评价、行为评价、评价反馈

学习者、学习目标、教学策略及评价是教学设计的基本要素，通过对教学设计模式的基本构成要素的分析，可得出教学设计的一般模式，如图4-5所示。

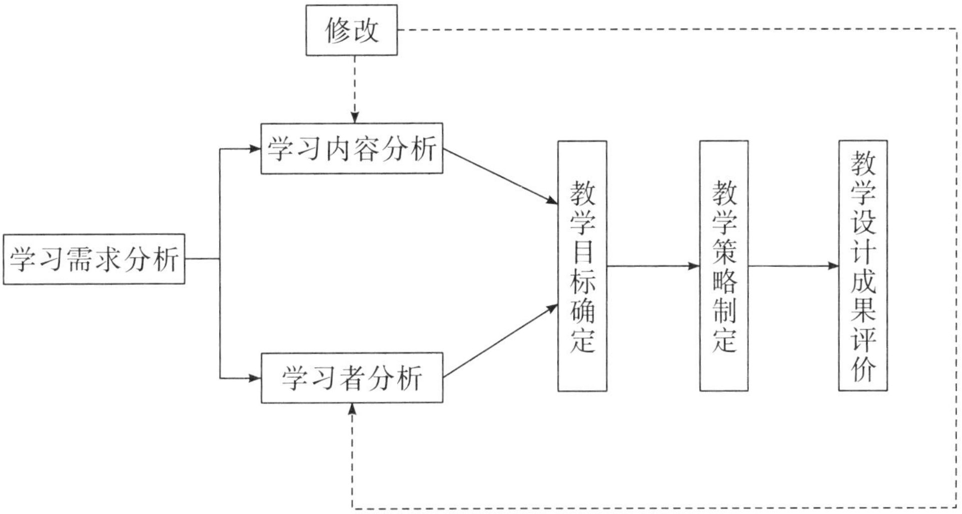

图 4 - 5　教学设计的一般模式

教学设计要保证学习者、学习目标、教学策略及评价一致性，就应该是开放的。教学是一个动态过程，涉及环境、学习者、教师、信息、媒体等各个因素，也都处于变化之中。因此，教学设计工作应具有灵活性的特点，要根据不同的情形要求，决定设计从何着手、重点解决哪些环节的问题，创造性地开发自己的教学设计工作模式。

高校课堂教学有两个基本逻辑：

一是遵循教材章节先后顺序组织教学。教材反映的是学科领域的知识，有完整的体系、严谨的逻辑顺序。从理论上讲，教材使众多相互关联的知识各归其位，构成一个统一的体系。这个知识体系实质上是一种学科体系，它所反映的是学科知识之间的有机联系，所以，教材逻辑也可以称作是学科逻辑。学生学习一门课，教师按照教材知识体系组织教学，也就是教给了学生一个学科逻辑的知识体系。当教师理所当然地认为应该这么教的时候，却没有思考过学生学了这些学科逻辑的知识体系后，除了能够应付考试之外还能干什么？

二是在教学各环节，教师主要通过陈述讲解向学生呈现知识。学生从教师的讲解中获得知识，教材知识便实现了从教师向学生的转移。但知识只是学生全面发展的营养剂，教学的目的在于更多地促进学生发展。学生是教学过程的主角，他们不仅参与教学过程，还要在学习中发挥自主性和主体性作用。

上述两种课堂教学逻辑会带来以下问题：

一是知其然而不知其所以然。教师运用陈述讲解方式，将某些真理告诉学生，而不向学生解释和说明这些真理是怎么来的，通常也不会让学生去重复这些真理的认识过程。

二是学生缺乏问题意识。学生所学的知识都是确定的，没有问题就培养不了问题意识。一门课学习下来，教学内容没有问题，在教学过程中也不为学生设计问题，不可能激发学生挑战难题的兴趣和激情。

三是无法培养学生解决问题能力。知识陈述不利于学生融会贯通不同课程的相关知识，学生也就难以通过自主学习学会自己发现问题、解决问题。

解决教学问题需要师生双方共同作为，但起主导作用的还是教师，教师教学行为的转变，能够带动和影响学生学习行为更新。微观教学改革可从以下三个方面推进：

（1）设计教学内容。在教学设计中，师生的教与学并不是一条宽度完全相同的轨道，学生的学习内容比教师所教内容要宽泛得多。所以，设计教学内容包括教师所教和学生所学两个方面。

教师教的内容应当少而精，所教内容主要是在课堂上使用，课堂教学是在学生课前学习基础上开展，因此，教师所教内容应当超越学生课前学习。中国大学有不成文的"三教三不教"传统：教学生看不懂的，凡学生一看就懂的不教；教学生找不到的，凡学生简单搜索就能找到的不教；教学生不会的，凡学生不学就会的不教。教师教学设计须把握这些要求。

教学设计中的教与学矛盾，具体表现在"教为主导、学为主体"，教与学既有统一的一面，又有分离的一面。从统一的角度看，教师所教必为学生所学；从分离的角度看，学生所学不必为教师所教，学生学习内容要超出教师所教范围。

（2）设计教学问题。设计教学问题要从教与学两方面考虑，教师设计的问题是课堂教学主线，教师用问题吸引学生注意力，引导学生思考如何解决问题，并在解决问题中完成教学任务。将传授知识转换为运用知识解决问题，不仅能够使学生更好地掌握知识，而且能帮助学生将不同课程的知识或同一门课程的不同章节知识融会贯通，在问题解决的过程中达到培养学生知识、技能和素质的效果。将教与学统一在问题的解决上，这样的教与学富有趣味性和挑战性，更能激发学生学习兴趣。教师应为学生课前和课后自主学习设计一系列问题，使学生带着问题自学。教师可根据教学目标和学生实际状况，设计难易程度各有不同的一系列问题，以满足不同学习基础和水平学生的学习需要，引导学生主动地开展深度学习。

（3）设计教学组织。课堂教学活动是教学组织形式情景化。不同教学组织形式有不同作用，对教师和学生的要求也各不相同。比如，讲授是常用的教学组织形式，不仅有传授知识的功能，还可以为学生设计问题情景，激发学生探究解决问题的兴趣，为学生答疑解惑，搭建知识相互联结的桥梁。同样是采用讲授来组织教学，不同教师发挥功效大不相同。教师要根据教学目标和学生特点，为课堂教学设计适当的教学组织形式，以便通过组织适当的教学活动，完成教学任务，达成教学目标。

教学设计的整体性是指教师在一次课教学中，既要考虑一个课时教学活动组织，又要考虑一次课整体教学活动组织，课堂教学系列化，成为一次完整的教学活动。一般来讲，一次课的教学组织形式以 2～4 种为宜，若教学组织形式太多，在不同的教学组织形式之间多次改变，将会影响学生专注于教学内容。

在确定教学组织形式后，教师要对每一种形式的运用进行具体而细致的设计，使教学形式更好地服务于教学内容和目标。教师要设计好让学生在每一种教学组织形式中发挥主体作用的方式方法，使学生在课堂教学中自始至终处于主动学习状态。

教师要做好不同教学组织形式之间的衔接过渡设计，课堂教学过程必须流畅，教学设计要做到师生角色协调、师生活动协调和教学内容协调，使整个教学过程衔接过渡自然顺畅。另外，教师在设计课堂教学组织形式时，应将课内与课外结合起来，做出一体化的考虑，使课内与课外相互融合、相互促进，以全面实现课程教学目标。

4.3　方案实施与评价方法设计

标准9：培养方案实施方法设计，既要与专业职场需要相匹配，也要有利于达到培养目标和预期学习结果；评价体系设计应该有利于检验学生是否完全、有质量地达到培养目标和预期学习结果。

4.3.1　实施方法设计

教学活动是教师按照教学目标组织学生参与学习活动，是落实"做中学"教学理念、实现"以学生为中心"教学模式的重要环节，把教学目标变成学生学习行为，实现从"以教师讲授为中心"到"以学习者为中心"教学方式转型。长期以来，人们基于各自的理解，对"做中学"做了多方位的解读，形成一种错觉，即"做中学"是与解决实际问题、探索发现新知识相关联的复杂教学任务，不是日常教学方式。实际上，英文"Learning by Doing"中的 Doing 指的就是学习行为动词，阅读学习（Learning by Reading）、设计学习（Learning by Designing）都属于"做中学"。

从学生参与情况来看，教学活动可以分为个人完成的学习活动、小组合作完成的学习活动以及全班参加的学习活动。针对特定的教学目标，教学活动可以是完成一个知识点的学习任务，也可以是完成一个研究课题，还可能是一门活动课程。职业培训领域的很多课程就是这种设计：教师把工作流程分解成一系列任务，把每个任务设计成一个学习活动，把知识类内容裁剪，变成活页资料，嵌入具体的学习活动中，为学习活动提供支持。

教学活动的出发点是教学标准，在设计一个教学活动时，教师通常要从以下几方面思考：

（1）教学目的是什么？

（2）学习哪些技能？

（3）如何确定教学目标和实施步骤？

（4）如何选择活动方式？

（5）活动需要哪些资源？

（6）教学评价的策略如何？

教学活动设计的产出是一份教学活动说明书，通常包含以下内容：

（1）主题。

（2）学习任务描述。

（3）学习过程指导。

（4）学习成果的要求和评价。

（5）时间安排。

（6）其他：补充阅读材料、案例、作业样例等。

教学活动设计没有特定的格式，只要能够表达清楚，让学生知道学习的目标、要求、步骤、时间安排就可以了。教学活动是落实教学目标、引导学生积极参与学习、提高教学质量的重要环节。没有学生积极参与的教学活动，就无法改变"老师讲，学生被动听"的局面。教学改革是教师的重要技能和职责，即按照教学目标需要，设计学生参与的教学活动。具体包括以下内容：

（1）提供培养方案实施模式。编制培养方案要考虑采用什么样的培养模式，不同培养模式需要有不同的实施方案。由于受生源、环境等因素约束，人才培养可能通过一种或者几种组合来实施，比如，全日制方法、开放式远距离授课方法、以岗位工作学习方法等。

（2）设计课程教学方法。培养方案确定后，专业团队要明确所采用的教学方法是如何满足生源和培养目标的需要的，这就要求教师建立培养方案与学生学习之间的关系，对生源状况和学习环境有清晰的认识。

（3）明确教学实施方法如何运用（如按照怎样的时间表和如何推进步骤实施教学等）。

（4）定下课内和课外学习的比例以及在两者之间做出平衡（说明学生的工作式学习时间是否符合未来获得其他证书或文凭的要求）。

（5）有明确的对培养方案管理制度。

（6）对非教学人员管理者如何参与培养方案实施有明确的指引。

（7）有协同育人单位人员参与、实施教学。

（8）通过专业、课程标准（大纲）提出学习标准。

4.3.2 评价方法设计

采用什么样的教学评价方法，应该满足以下要求：

（1）评价方法能够引领质量提升。

（2）评价方法能够确保与该培养方案提出的目标和预期学习结果相匹配。

（3）评价体系能够准确体现评价指标，以及各种评价手段的相对权重。

（4）评价方法有明确的使用范围，例如某种考试、课程论文、小组作业、作品展示、学习项目、毕业论文等。

（5）采用过程评价与结果评价相结合的方法，课程考核设计能够对学生的学习能力和知识技能掌握做出清晰的评价。

（6）评价方法符合道德准则要求。

进入 21 世纪以来，传统的课堂教学评价方法越来越不适应教学改革之要求。课堂教学评价过分依赖经验，缺乏理论指引。只有超越经验的教学评价，才能创新评价理论和方法，借鉴国外课堂教学评价理论①，构建适合我国本土教学理念的课堂教学评价理论。当下，课堂教学评价指标主要有三类：

一是立德树人。教师既是学问之师，更是品行之师；既是经师，更为人师。教师是学生锤炼品格的引路人、学习知识的引路人、创新思维的引路人。作为传道者，教师自己首先要明道、信道；作为引路人，教师自己首先要德行兼备。教师应通过传递知识、传播思想、传授真理，用自己的学术造诣开发学生的智慧；通过塑造灵魂、培育精神，用自己的人格魅力启迪学生的心灵，从而更好地完成教书育人的神圣使命。因此，在实施课堂教学评价时，首先要将立德树人作为课堂教学评价的出发点和落脚点。

---

① 美国 RTOP（Reformed Teaching Observation Protocol）课堂教学评价量表是美国亚利桑那优质教师教育协作体（简称 ACEPT）开发的课堂观察工具，具有较强的可操作性。2001 年，英国政府对教师考核提出了八个标准：有效地计划教学，制定可理解的清晰目标；具备良好的学科知识和理解；使用的教学方法能够促使所有学生进行有效的学习；有效组织学生，维持高行为水准；全面评价学生的学业；学生取得丰富的学习成果；有效地利用时间和资源；有效地利用家庭作业来强化和扩充学习。

二是教学设计。教学设计是根据课程要求和教学对象的特点，有序安排教学要素、确定教学方案的设想和计划。评价课堂教学设计，要把主要观察点放在教学目标是否明确、教学方法是否得当、教学手段是否多样、教学本质是否清晰、教学逻辑是否顺畅以及教学创新是否显著6个指标上。教师通过认真解读课程标准，把握教学目标、设计教学方法、选用教学手段。教学逻辑是教学活动的因果关系及其展开顺序，彰显教学逻辑的课堂教学分为创设情境、建立概念、理解本质、运用知识4个阶段。教学创新是指教学内容与时俱进、引入新的科技成果和教育教学方法，以及提出个人创新见解等。

三是教学技能。教学技能是教师在一定教学理论支持下的教学行为。教学技能对于达成良好的教学效果、实现教学创新有积极的作用。基本教学技能包括课程讲解、演示规范、互动充分3个维度。课程讲解须条理清楚、层次分明、言简意赅、通俗易懂、详略得当、重点突出，要有启发性与趣味性，注意与提问、谈话等技能相配合。演示规范是指教师的操作规范性，操作步骤有条不紊，演示与讲解相结合。互动充分是指教师通过情境塑造，借助激励学生、监控、提问、组织互动等方式，帮助学生理解所学知识。

案例：密涅瓦大学课程创新

密涅瓦大学强调每一堂课都要运用所学的知识和原理，为此，提出关于学习两大准则，即认真思考（越勤于思考，关注正在做什么，就越有利于记忆）与创造和使用关联（帮助学生组织材料，并存储于大脑中，以促进学生不断提取已存材料进行回顾）。

密涅瓦大学运用学习原理建立"综合性课程"体系，它不是传统大学的跨学科模式（即理工科学生选修几门人文课程，文科学生选修几门自然科学课程），传统的跨学科模式难以实现不同学科的知识相互融合，还会造成学生将课程分为"主课"与"副课"区别对待。"综合性课程"是在一门课程中整合不同学科知识、理论、技术，用来分析解决具体问题。比如，"沟通交流"（Multimodal Communications）课程模块，内容包含写作、演说、可视化交流的学习与实践、设计与艺术表达、美学、文学、音乐、哲学等内容。一门"综合性课程"能促进学生将各门知识、理论、技术综合应用于一个具体问题的分析与解决,从而加深学生对知识的联系、运用,提高学生分析问题、解决问题的能力。在多元复杂的社会中,学生面对的问题不只涉及单一学科的知识,而必须通过整合不同学科的知识和技术,方能全面地分析,有效地解决问题。"综合性课程"模式为培养综合性、复合型人才,提出可行的实施路径。

密涅瓦大学围绕"金字塔"人才培养理念下的教学模型,设计了思维习惯与基本概念测度表。该测度表涵盖了主要核心课程和专业课程。课程的目标是培养学生的核心能力,核心课程、集中课程通常被分解成2~5个学习成果,并嵌入特定的技能和知识。为了保证学习成果评价的一致性,密涅瓦大学根据学习成果框架开发了知识测评量表(见表4-3)。教师对照量表等级及标准评判分数,不仅提高了测评的准确性,还在一致性测评框架中分级显示了学生的成长表现。

[赵金坡. 密涅瓦计划,能否创造高等教育的神话? [J]. 世界教育信息,2014(1).]

表4-3 密涅瓦大学知识测评量表

准则	类别	原则
认真思考	处理更多的相关信息	①唤起深层加工
		②创造挑战空间
		③诱发生成效应
		④参与刻意练习
	对信息进行额外处理	⑤开展交叉学习
		⑥引入联想策略
		⑦唤醒真情实感

（续上表）

准则	类别	原则
创造和使用关联	利用关联组织材料	⑧生成有效信息
		⑨建立优先关联
		⑩提供基础材料
		⑪探索适当范例
		⑫依照原则记忆
	创造大量的关联信息	⑬创建相关链接
		⑭接受间隔训练
		⑮创设不同语境
		⑯避免外界打扰

4.3.3　说课程——课程教学测评

说课程是关于课程目标、教学设计与实施过程展示的教研活动。教师在备课基础上，面对同行或专家，在规定的时间内，针对具体课题，以讲述方式系统地分析教材和学生等，阐述自己的教学设想及理论依据，然后由同行评议，互相交流、共同提高。通过说课程，教师说明自己的教学设计意图，反思课堂教学得失。同行专家也可了解教师的教学能力与课堂状况。说课程内容分六个方面，即说教材、说学情、说模式、说设计、说评价、说改进。

（1）说教材。教师说明自己对教材的理解。说教材有两个目标：首先确定学习内容的范围与深度，明确"教什么"；其次揭示学习内容中各项知识与技能之间的相互关系，为教学顺序安排奠定基础，知道"如何教"。说教材内容包括以下几个方面：一是教材的地位作用。教师要说明课标对所教内容的要求，说明所教内容在节、单元、年级乃至整套教材中的地位、作用和意义，说明教材编写的思路与结构特点。二是教学目标。教学目标包括知识与技能、过程与方法、情感与态度三个方面，要符合课标的要求，切合各种层次学生的实际，能直接用来指导、评价和检查该课的教学工作。

三是教材的重点难点。教学重点包括知识、能力和情感，教学难点是学生难以理解和掌握的知识，还要具体分析教学难点和教学重点之间的关系。

（2）说学情。以学生为中心的教学，重心由"教"变"学"，讲究以学定教、以学评教，"有的"才好"放矢"，所以，研究学情必不可少。学情主要包括学生已有的知识基础、生活经验、学习方式和学习习惯。教学本质上是一种"嫁接"，不了解学生的知识基础，就找不到学生的"最近发展区"，学习也失去了起点。学习方式和学习习惯影响课程学习，如果不顾及学生的技能态度，不注意学生身体和智力上的个别差异所形成的学习方式与风格，就容易事与愿违。

（3）说模式。教学模式是基于众多教育思想、源于无数典型示例，从中抽象、概括而来的各类教学活动结构要素的组合方式，以及实施运行方式，为教学提供了一种稳定、成熟而有效的范式。模式是一种规范的确立，也是一柄"双刃剑"，教学需要模式来规范和矫正，但又容易陷入模式化误区，形成机械、迂腐、僵化的现象。

优秀教师有"教学有法，但无定法，贵在得法""无法之法，乃为至法"的经验总结。说模式，说的是"教学理念，常规套路"，说的是"运用之妙，存乎一心"。教学过程是师生互动、发展创作、集智生成过程，应该是动态、丰富、鲜活、富于变化的过程。模式是以师为中心还是把学生放在首位，在说模式中显现。

（4）说设计。相对于教学模式注重理论指导，教学设计更关注实践操作。教学设计是说课程中最重要、最实在，也是最能看出教学底细的环节。在这一环节，教师应当在介绍自己对教材与学情分析的基础上，根据本门课程教学模式，说清楚每个环节预设时间、每个环节的依据、设计的意图和目的等。

说设计要让专家明白教学目标、知识脉络、流程安排、预设问题、双边活动、教学手段、课堂场景等。不仅要感性呈现，还要有理性分析。比如，以课程第一个环节"单元导入、目标明确"来说课程，就要说清楚何以导入、目标确立、怎样达成。若是最后一个环节"课堂小结、达标测试"，就要说明小结的内容、测试的要点等。

（5）说评价。课堂评价包括教师对学生学习评价、学生对教师的教学评价和学生相互之间的评价。课堂教学评价改革方向是评价主体多元化和评价方式多样化。但具体到某一节课，就要说明教师怎样开展评价、主要评价什么、评价设计意图和效果怎样。评价标准与评价方式是教学理念的具体体现。一般说来，评价标准映射课堂追求，评价方式则直接反映课改进程。

（6）说改进。完成整体课程教学设计，教师要总结教学成功之处，反思不足之处，明确今后改进方向。质量标准下的质量保证是一个持续改进过程，在每一个教学循环结束之后，对教学工作的总结，应包含对下一个教学循环的改进措施。近年来，教育部在取消行政部门评估的同时，提出学校自主开展人才培养工作质量诊断与改进，目标是建设学校自主的质量提升长效机制。

第五章　培养方案的实施

5.1　招生工作

标准 10：针对培养方案所制订的招生条件应与生源市场相适应，严格规范以保证学生能实现培养目标，并达到所设定的毕业生标准；新生选拔过程应该清晰且首尾一致；能通过一定的方式吸引目标生源来校修读。

5.1.1　招生与专业适应性

学校招生不只是学生入学，更富含着与教育使命密切相关的育人功能。对学生而言，招生工作的教育作用比学课程更为重要，也会持续影响学生一生。招生环节处在服务于育人整体工作的流程最前端。"得天下英才"育之，"英才"与否要看学生是否适合这个专业培养；"天下"则是说生源宜多元，莘莘学子来自八方，招收的学生可造就，学校才有"而教育之"之乐。招进来的好学生不光是基本功扎实，更是眼里有光、充满求知热情、想破壁的动力十足，这种劲头会激发教师教学过程的升华。

不管招生工作参与者身份是教师还是管理者，其言谈态度、精神风貌、选材标准、立场导向，都会呈现学校真实样貌。许多学生多年后回忆起自己当初的选择，都会记得某个鲜活的瞬间。即使没有被招进来的考生，也会受到这些感染，结下一生的缘分。不要把招生看作事务性工作，而应从育人全局着眼。招生"始"的重要如同心理学的"首因效应"，犹如给开始新旅程的人，配上了滤镜或者特定标记的导航图。求学之旅总会有"终"，离开校园走向哪里，走上怎样的人生路，起始同样要紧。

招生工作要从专业对应的职业岗位工作技能（或工作过程）要求出发，制定与培养方案相一致的招生条件，以保证培养方案与招生生源之间具有适应性。受不同专业面向不同职业岗位的影响，面向特定职业岗位的专业人才，有不同的技术和素质要求，这些职业要求必然会反映到培养方案中来。针对不同的生源背景，要达到培养目标之要求，需要有不同的课程设置和教学方法，落实在专业人才培养方案中，就是关于知识、能力和素质的入学门槛设置。学生在进入专业之前，必须达到入学门槛要求，否则无法完成培养方案所开设的课程学习要求，这是设置专业招生条件的主要原因。比如，高考将学生划分为理科和文科两大类，这是基于理工类专业与人文类专业对于学科知识和思维方式要求的差异。

专业人才培养方案的核心内容是课程体系和教学内容，它们与培养目标和毕业标准相适应。随着社会经济和科学技术发展，社会对专业人才需求发生变化，导致培养方案随之改变。以高等职业教育专业人才培养为例，在过去的20多年里，职业教育课程体系设置经历了加强实践能力培养、职业岗位能力导向、职业岗位工作过程和职业发展的变化过程。

当教学改革的主要方向定位在强化学生实践技能培养时，基本做法是在传统学科知识体系课程基础上，增加技术应用能力培养的课程，强化专业课程学习的实操性，提高学生职业工作能力、实践操作能力。在培养方案中，这呈现为基础课、专业基础课、专业课"三段式"课程体系，并增加或单独设置实践实训课程。

基于能力本位的人才培养方案，把实践能力培养列入核心课程，强调培养学生职业适应力，将与目标岗位工作紧密相关的基本知识、实际操作能力和职业行为规范融入核心课程内容，以帮助学生获取从事某种职业所需的能力。以职业能力为目标的培养方案编制，对应构建职业能力培养课程模块。

基于工作过程的课程改革，通过分析典型工作任务，重新构建符合职业能力形成规律的教育教学模式。根据技术领域和职业岗位（群）任职要求，参照相关职业资格标准，校企共同开发课程。课程内容来自职业岗位工作过程，以行动导向重构课程内容，将典型工作任务转换成课程教学实施方案。

工学结合人才培养模式改革，要求行业企业全面参与教育教学各个环节。在课程目标定位上，贴近行业、企业实际需求；在课程内容中，引入行业企业技术标准，实现课程内容与职业标准、岗位工作对接。同时，还要以服务学生终身发展为目标，关注学生职业生涯可持续发展。

不同专业人才培养方案，由于课程设置和教学模式不同，对生源要求也有所不同。但在高等教育大众化环境下，生源多元化已经成为普遍趋势，要使不同的生源适应人才培养之要求，一方面要对招生生源进行合理的组合、选择，以达到满足培养方案要求的门槛；另一方面，也可对培养方案中的课程体系和教学内容进行补充、调整，编制适合学生个性化发展的培养方案。

高校应建立健全教学与招生衔接的机制，从宏观上来讲，招生和教学都要遵循国家相关标准要求，但国家标准往往只是一个系统框架，不可能深入教学和招生的细枝末节，招生标准应该以学生综合素质作为新生选拔要素，做出有针对性的设计。招生信息发布十分重要，招生工作并不仅仅是选拔测试，也是社会广泛关注的热点，高校要通过权威平台来发布招生信息，并尽可能提前公布，为考生提供便利。

高校须顺应普及化环境下的招生改革，对招生标准、流程进行科学规划。比如，在多元化招生模式下，招生工作渗透在整个学年中，学校须组建专业性招生团队，发挥专家教授在招生中对考生的评价作用。招生工作规范化、合理化，专业要结合学校自身学科发展和专业特点，出台相应的招生政策和举措，推进多元化招生模式改革；针对招生制度改革，对自身专业结构进行合理调整，完善专业准入和退出机制。随着学生报考选择面越来越广，对教学提出的要求也越来越高，专业应从创新人才培养方案编制开始，认真加以应对。

5.1.2 招生与人才培养

生源质量是影响人才培养工作质量的重要因素，招生工作质量影响生源质量。专业招生应有明确的工作程序，做到公开、公平、公正，搜集生源信息、提出招生报名条件、公布招生遴选标准，在完成招生测试后，公开录取名单。另外，专业也可以对招生对象的年龄、民族、工作经验、限制条件等提出要求，以此明确学生选拔入学标准。

有较多数量和较高质量的生源，也是社会对专业办学声誉的回馈，从中可以看出社会对专业人才培养质量的认可度。对此，专业也要采取相应的措施，提高专业办学的社会影响力，特别是通过招收、培养优秀学生，或者是提高社会服务影响力，吸引学生报考本专业。学校应提出推进招生录取有效性（效益）的办法，比如，在吸引新生入学方面，设置一定的激励政策。

比较学生入学到毕业之间进步情况的信息，是最有说服力的教学质量指标，比如毕业生优秀率、获得奖学金的比例、学生在世界500强企业或国内一流企事业单位等著名单位就业率、更高层次学历教育率等。

高等教育进入大众化以来，高职生源呈现多样化趋势：有通过高考统招录取的高中生、高考前自主单招和高考后注册入学的高中生，有通过对口单招的中职生，还有"3＋3"中高职衔接的中职生和"3＋2"专本分段培养的高中生等。由于生源入学渠道和标准不一，入学新生在知识水平和能力上有着较大差异。如高中生源和中职生源，前者学习经历侧重于理论知识，后者侧重于技能实践。即使同一起点来源的学生（如高中毕业生），也有通过高考统招和注册入学两种，他们在文化知识水平上有着明显差别，再加上地区教育水平和个体性差异，使得高职生源更具多样性。

多样化生源存在心理状况、学习能力、学习目标等差异。学习基础强弱、是否拥有良好学习习惯，以及是否掌握良好的学习方法，都会影响学习效果。为达到相同的学业要求，培养途径设计应有所差别。鉴于生源多样化现状，必须坚持"以人为本，因材施教"原则，根据学生的学业基础、学习目标、发展兴趣和心智等，有针对性地开展教学，即通过分层教学分类教育，保证人才培养目标实现。

探索基于生源多样化的分层分类教学。因材施教作为一种教育原则，即根据每个学生实际情况，实施不同的教学形式。分类是指根据专业培养目标需要和学生个体差异，把学生分成不同类别，实施横向差别化分类教育教学。分层是指根据学生能力，把课程内容和要求分成不同层次，实施纵向差别化分层教育教学。不同学历起点的生源，在文化基础、专业技能、个人素养等方面存在较大差异，对他们实施分层分类人才培养，寻求最为有效的人才培养方法，有利于满足不同类别、不同层次学生的需求。

探索基于学生文化基础差异的分层分类教学。根据学生不同文化基础，对同一专业不同学生，制订不同人才培养方案，在课程体系架构、课程内容、毕业要求等方面提出不同的要求。课程体系实施分类设计，加重文化基础薄弱学生的文化知识课程数、课时数和学分比例，先强化他们理论知识的系统学习，再提升文化理论水平。对于文化基础相对厚实的学生，可增加其知识的深度和广度。比如，在公共基础课程和专业基础课程教学中，实施分层教学，课程内容、时数、学期安排等各不相同，根据学生的实际水平编班。

探索基于学生专业技能差异的分层分类教学。职校学生在进校前已经通过了初级专业技能培训，具有一定的专业技能或专业特长，而高中毕业生在专业技能方面是"零起点"。因此，进一步提高专业技能操作能力，通过职业资格鉴定、高级技术工种标准，是对职校学生的要求；而对高中起点的学生，则加强基础职业技能训练，提高专业技能。分层分类教学能使专业技能起点不同的学生最终达到相同的培养目标。

探索基于学生个人素养差异的分层分类教学。个人素质是以人的先天禀赋为基础，在后天环境和教育影响下形成发展起来的内在的、相对稳定的身心组织结构及其质量水平。教师的价值不仅在于传授知识，更要激起学生的求知欲，使学生经过自己的思维活动和操作训练获得知识技能。对于职校起点学生的素质培养，实施养成教育，注重职业观、知识体系、创新能力培养，关注自主学习能力。对于高中起点学生，培养目标主要是强化技能训练、培养创新能力。近年来，基于生源多样化的实际情况，教育部允许高校探索有针对性的专业人才培养模式改革，具体有以下三方面举措：

一是"3＋3"中高职联合培养。探索中职教育与高职教育课程衔接和学制互换方式，将中高职教育有效衔接，建立职业教育与其他教育相互沟通和衔接的"立交桥"。"3＋3"中高职联合培养是指学生在中等职业学校学习3年，再直接升入高职院校学习3年。中高职校共同完成"3＋3"中高职衔接人才培养方案，构建"二段一体，螺旋递进"课程体系，中高职两个阶段相对独立，又是一个整体，课程体系相互衔接，知识与技能螺旋递进，学生职业能力得到整体提升。

二是"3＋2"专本分段培养。"3＋2"专本分段培养模式为高中毕业生分类培养提供了平台，实现职业教育与普通教育的联通。"3＋2"专本分段培养是指高职院校与普通本科联合培养，高职院校在统招录取批次中选录优秀高中毕业生，在高职院校完成3年专科阶段的学习，获得专科学历后，进入本科阶段学习2年，学分修满，可获得普通高等学校本科证书和学士学位。

三是"订单班"定向培养。"订单班"培养模式是高校根据企业的要求，定向培养企业所需要的人才。可以采用企业冠名、对口培养的方式，校企双方共同制订培养方案和建立课程体系，企业人员担任兼职教师，企业接受学生顶岗和轮岗实习。将企业对技术技能人才的素质、能力要求，以及职业标准、企业生产过程、企业考核评价、优秀企业文化等融入人才培养，提升学生的实践能力和创新能力，增强学生就业竞争力。

5.1.3　就业与人才培养

就业工作是高校把育人变为服务国家社会与经济生活的关键环节，也是服务学生全面发展的关键一环。招生工作为高校育人带来"源头活水"，而就业工作则是将"源头活水"变为"涓涓细流，汇入大海"，让每一位学有所成的毕业生找到用武之地、贡献之所，这就是就业工作的教育目标所在。就业工作也是国家和社会、企事业单位初步检验学校育人成果的一个环节。跟踪毕业生取得就业信息反馈，无论结果是对就业状况积极肯定还是期待改善，都会引起学校、教育管理者和专业教师深入开展育人反思与改革的探索。当然，毕业生的就业有一个发展过程，就业初期还只是育人状况的初步反映，人才培养质量究竟如何，还需时间验证，这是关于毕业生初次就业与职业发展的不同评价角度。对毕业校友就业和发展的持续跟踪，已经成为很多学校和专业十分重视的质量评价指标。它不仅仅引领学生职业生涯发展之路，更会影响专业改革。因此，毕业生良好的职业发展成就着学校声誉。

学校对于学生的就业有着相当的引导力，毕业生就业去向何处，反映了学校关于教育基本价值的取向。今天我们经常看到的关于学生就业导向问题是：薪酬导向，热门至上，或者放手听任，这类现象显然受到教育部门对学生就业率、就业质量标准要求的影响，导致那些曾经鼓励学生"立大志、入主流、上大舞台、干大事业"的就业价值教育观逐步式微淡化。相当一部分学校没有注意到其中极为重要的育人价值，蕴含在学生迈出校园的第一步中。

就业工作类似于招生工作，毕业生的就业也要强调适合性，正确的就业指导应帮助学生发现和坚定毕生职业发展志向，帮助毕业生融入更广阔的追求与更恢宏的天地间，这才是就业育人的核心。若把就业放在教育意义上来看，就业工作再也不是以学生离校为终止的一项工作。高校学生就业工作应当定位在"扶上马，送一程，关心一生"上，支持校友发展也可以看作广义的"就业工作"。同时，校友以参与招生与就业工作的方式反哺母校，也是学校、学生、教师、社会的多方共赢。

有一部纪录电影《大学》（*The Great Learning*），内容是导演多年跟拍4位主人公，他们正分别经历着各自人生的界定时刻（defining moments）：入学、毕业、入职、荣休。对影片中每一个人在界定时刻选择的拍摄，常常最深入地刻画出他是个怎样的人（being）。我们可以看到他们因在界定时刻的选择，而成为一个不一般的人（becoming）。特别是在学校里，招生与就业、招聘与荣休，有着不同寻常的价值塑造性。对于其中每个个体的人生和作为整体的大学而言，都是无可替代的"the great learning"。招生与就业承载着如此重要的育人价值，应当善"始"又善"终"。

5.2 教学方法与手段

5.2.1 教学方法改革牵引"课堂革命"

高等教育普及化降低了新生入学门槛。应对生源背景的变化，专业必须通过教学方法改革来提高人才培养质量，这需要对传统教学方法施以革命性变革。在许多教师看来，伴随高等教育大众化进程，尽管学校和学术界开始讨论重新定义教育教学质量的问题，但高校教育教学质量降低似乎不可避免。因此，只有找到适合的方法，才会有高质量的课堂教学。

在当下的高校，课堂教学普遍存在"四多四少"现象：学生上课多、自学少；进教室多、进图书馆少；读教材讲义多、自主阅读少；被动接受多、主动钻研少。还有一些高校"津津乐道"于大班上课、照本宣科，形式单调乏味。教师使用信息化教学手段的主要形式是 PPT 辅助教学，仅仅是课本内容的机械搬运，由黑板换成电脑屏幕、把教材内容放在 PPT 上。课堂上还采用生吞活剥地灌输的教学方式，使得学生被动接受新知识，不经咀嚼不知其味，学习内容消化不良，个性化思维和好奇心受到压抑。应试教育模式从基础教育传染到大学校园，学生背诵了一大堆用来应对考试的现成概念、名词和术语，养成了不用独立思考、不会提问，更不会分析和解决实际问题的坏习惯，缺乏对社会实践和真实世界的感知、反思和理性判别。

当今世界知识更新迅速、信息和智能技术日新月异，远远超出了人们的想象和预期，它给人类带来认识世界和改造世界的动力，也大大超出了历史上任何一个时期。随着网络和教育技术裂变式发展，高校师生已经拥有非常便捷的渠道去获取浩繁的知识和信息，"知识储备箱"式的人脑，被"信息储存器"电脑所取代。学生学习面临的最大困惑已不是能不能快捷获取现成的知识和信息，而是会不会从知识海洋中去伪存真、去芜存菁，获得发展和创新受用的信息。

高校课堂如果继续固守"以教师为中心"的教学模式，还停留在以学生通过考试为单一质量标准的阶段，不进行以学生全面发展为主旨导向的教学改革，那么，"学生要么逃课，要么在教室里昏昏欲睡"的现象就难以避免。其根本原因在于课堂教学方法和内容不合时宜，培养模式不能与时俱进。如果教师教育思想观念不转变，采用任何先进技术都难以从根本上解决教育教学问题。高校因学生而存在、教师源于立德树人之责，课堂教学改革须围绕学生成人成才来开展。

中国历来有学思结合、知行统一、因材施教等传统教育理念和经典方法，并将其列入国家教育规划纲要，基本形成共识。比如，由以教师为中心向以学生为中心转变，由齐步走范式教学向个性化多样教学转变，由单向知识交流向多向信息交流转变，由注重现成答案向注重过程训练转变，由知识点单一考查向能力素质多元评价转变等。但这些都需要"知行合一"地践行，教师在课堂教学改革中遇到矛盾和阻力就绕着走，将会造成课堂教学死水一潭，缺乏创新意识和精神。

今天高校最缺失的是课堂魅力，需要来一场"课堂革命"。除了信息技术常态应用，更重要的还在于思维方式和观念的转变，变革教与学角色和组织结构形态、创新考核方法和教学文化等。以教学方法改革牵引人才培养模式改革，只有教学方法精彩，课堂才能精彩，才能激发高校办学生机活力、激发学生创新意识，好的教学方法会让学生终身受益，任凭世界千变万化，学生都能游刃有余地加以应对，立于不败之地。

案例：

20 世纪 70 年代后期，哈佛大学为重振本科教育，开展了一场持久的影响深远的教改实践。当时在选择以什么为突破口的问题上，全校教授分歧很大，几乎所有人都认为应以课程内容为先，就是重新审视"教给学生什么东西是第一位的"。在不少教授看来，像哈佛学子这么优秀的学生，课程内容选好了，无论怎么教，他们都能学会学好。但是，博克校长不这么看，他第一个提出了本科教学方法重于课程内容的理念，主张教改要把解决"教师如何教学生"放在首位。从"学生到底学到了多少东西"出发，推动哈佛教学模式"来一次根本性的转变"，即由原来那种以教师为中心、基于讲座式的体系向以学生为中心、主动学习的体系转变。

当下，中国高校的兴奋点聚焦在"双一流""转型""升格"等热点问题上，它们大多属于利益驱动下的建设工程，"立项—建设—利益"形成链条。但教师绝不能忘记"培养什么人"和"怎样培养人"这一根本问题，学校要关心"教师怎么教"和"学生怎么学"这类常识性问题。学校整体教学方法和育人模式是否充满活力，才是衡量其办学水平和教育质量的重要标尺。我们不能再以"列入一流学校项目就是进入一流学校行列""通过一流学校验收就是达到一流学校水平"来自欺欺人。

标准 11：根据培养方案要求，为学生提供高质量教学过程；使用多种教学方法，并创造性、合理使用现代信息技术；提供高质量教学资源，教学方法的重点集中于学生如何学习。

5.2.2　教学既是科学也是艺术

教学方法是与一定教学目标和任务相关的具体教学操作程序，它规定了教学参与者在教学任务中的角色、不同角色之间的相互关系，以及每一角色的具体任务。不同教学方法适用于不同教学内容和学习对象，一个教学任务完成，往往需要多种教学方法综合应用。教师在使用多种相互搭配的教学方法时，应对所采用的教学方法有清楚的了解，或者说，教师应熟悉各种教学方法在专业人才培养中能够发挥什么样的作用。随着教育信息化技术应用推广，学校越来越关注信息技术与教学方法结合使用，并将它作为推动教师教学改革的重要抓手。

教学方法以讲授法最为常见，它是教师通过口头语言对学生系统传授知识的方法，这种方法有利于将知识系统性地传授给学生。谈论法是教师通过问答的形式来引导学生获取或巩固知识的方法，有助于激发学生的思维、调动学习的积极性，培养他们独立思考和语言表述能力的教学方法。演示法是把实物或教具直观展示给学生看，学生通过实际观察获得感性知识，以印证所传授知识的方法，它能使学生通过观察和思考，进行思维活动，发展观察力、想象力和思维能力。读书指导法是教师指导学生阅读教科书、参考书，学生通过独立阅读，掌握读书方法，提高学习能力的教学方法。课堂讨论法是在教师的指导下，针对教师设定或学习中遇到的疑难问题，学生在独立思考之后，共同进行讨论、辩论的教学方法。实验法是通过实验观察对象变化的教学方法，它有利于培养学生独立探索能力、实验操作能力和科学研究兴趣。实践教学法是理论与实际相结合的教学方法，重在培养学生分析问题和解决问题能力。

应用信息技术推进教学改革，首先要提高教师信息技术素养，教师必须掌握和运用电脑技术，以拓宽学生的思维想象能力和知识面；其次是发挥现代信息技术在教学中的辅助作用，把现代教学手段与传统教学手段结合在一起，让信息技术起到辅助教学作用，发挥多媒体方便学生领悟学习内容的作用。

学校和专业应在不同层面上制定鼓励广大教师使用先进、有效教学方法的措施，促进课堂教学质量提升。比如，职业教育推行"教学做一体化"教学改革、模拟仿真教学、线上微课、翻转课堂等教学方法，学校可以通过优质示范课程立项命名、教师教学能力评比、课堂教学质量评价等方式，鼓励教师采用先进教学方法和手段。

专业应具备与课程教学相关的教学资源和条件，教学资源和环境条件准备是否充分，直接关系到能否达到课程"预期学习结果"。比如，每门课程都要有高质量的课程教学标准（或教学大纲），以及相关教学资源，包括主教材和辅助教材、课程教案、网络学习课程、教学课件、课程考核办法和试题库、实验（训）条件和指导书等。教学资料在形式和质量上达到专业化要求，体现专业领域技术发展前沿、生产领域正在实际使用的产品和技术等，达到企业级水平的生产技术。

5.2.3　以学生为中心的教学

课堂教学要做到以学生为中心，关键是将学生学习作为关注对象，而不是将学习内容或教学作为关注对象。教学改革方向是改善学生的学习生态、深化学习活动、完善学习经验、提高学习能力，形成终身学习习惯。传统上以教为中心的学习有三个弊端：一是以教为主体，学习为附属产品；二是学的主体性地位丧失，学习难以成为一种生活方式；三是学生学习自发性丧失，缺少学生自主的主导、调节、自控，导致学习失败。

课堂是否落实"以学生为中心"，基本观察点是教师的课堂表现，比如，是否有问题导向、任务驱动的学生学习，是否有以学定教的灵活教学安排，教学评价能否反馈学生学习成果等（见图 5 - 1）。

以学生为中心的课堂有以下特征：围绕学生学习，追求教学内容的教育价值最大化和学生学习热情最大化，教学过程紧扣自主、合作、探究 3 个基本要素，形成课内学习、讨论展示、师生互动、点拨讲解 4 个基本环节，涉及独立学习、交流展示、互动提问、疑点点拨、总结归纳 5 个基本节点。

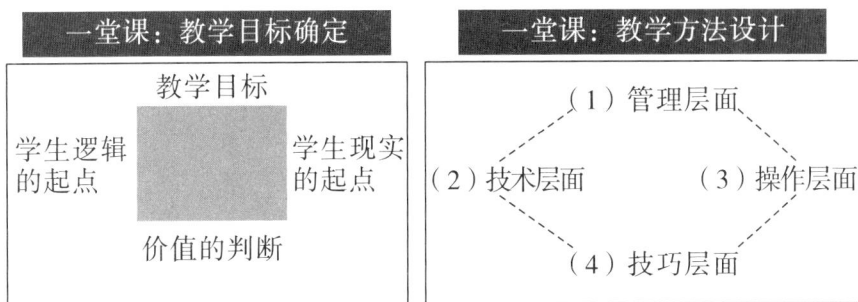

图 5 - 1　课堂教学设计

案例："全球游学、在线研讨"教学模式

从"融入世界是理解世界的最好方式"理念出发，密涅瓦大学推行全球游学，为学生提供广阔学习空间。学生每个学期在世界挑选一座城市生活、学习，并参与当地活动，学习当地语言，充分融入当地，即全球沉浸式（global immersion）学习。在四年学制里，第一年，学生们在旧金山的密涅瓦大学总部上课，修四门必修课，每门课程分别对应四种核心能力：实证分析课程对应创造性思维；形式分析课程对应批判性思维；多元沟通课程对应有效沟通；复杂系统课程则对应有效互动能力的培养。学生第一年学习 120 个认知单元，接下来三年的时间就是在不同的国家、不同的具体环境里应用这 120 个认知单元，跨情景地解决具体问题。

学生在大二进行专业选择，可选择专业分别是艺术与人文、计算机科学、商业、自然科学与社会科学，学校鼓励学生进行交叉学习。比如一个学生可以同时选择计算机科学、商业以及社会科学，这样的人才，就能通过社会化大数据分析，对社会发展做出更精准的判断。

第二年到第四年实施全网络化的教学，学生有机会分别到六个不同国家的城市进行一个学期的探索、学习和调查，将自己学到的认知技能和知识跨情景地反复应用。这些城市分布在各个大洲，而且都是全球技术创新、经济、政治、文化的中心。如果学生只在学校里，就会对社会理解不多，毕业后的融入会浪费很多时间和精力。分布式教学可以打通学校和社会的壁垒，帮助学生更好地融入当地的文化，在四年的大学学习结束后，学生有了一个全球关系网络和多元化视野。

实施"没有校园、全球游学"模式，在线研讨是重要的教学模式。密涅瓦大学使用在线学习平台，它不同于录制好的"慕课"课程，而是实时在线学习；不是讲授式课程，而是在线研讨课；不是大班课程，而是20人以下的小班课程。在线研讨课保证学生在全球游学时能便捷地上课；将教师与学生同时带入网络平台，保证师生、生生能够面对面即时讨论，积极参与课堂，以避免被动灌输；还能将学生的课堂表现完整地记录下来，教师可根据这些数据分析学生的学习进展，给予评价以及针对性的学习建议。

这种教学模式突破了传统大学固有思维的束缚，探索大学教学改革的前行之路。它是时代变革与大学变革的一个代表，预示着一种变革的趋势和方向。

近年来，在"三教"改革的推动下，高校教师深入开展课堂教学改革。关于教学方法改革，有以下共识：

一是把师生教学关系定位在引导与帮助上。引导作用表现为含而不露、指而不明、开而不达、引而不发。引导学生与文本对话、学生自我对话、学生与学生对话、学生与情境对话，引导学生对问题进行观察与讨论，学生提出问题、全身心投入学习过程。引导不是主宰，而是要把表达的自由还给学生，把判断权交给学生，把想象的空间留给学生，把创新的机会让给学生。帮助就是服务，帮助学生寻找、收集和利用学习资源、学习工具、学习方式和学习策略；帮助学生对学习过程和结果进行评价与反思、发现潜能。帮助不是包办，要清除教师在课堂中的"霸权"现象，克服学生的"盲从"现象。

二是把教学策略定位在精讲与精练上。精讲精练是一种有效呈现知识和有效指导学生学习的策略。精讲是指教师对基础知识用少而精的语言进行讲解，抓住中心。通过精讲可留出更多的时间让学生多动，即动脑、动手、动口等，突出重点。精练是指练习要少而精，向学生提供的练习要有目的性、层次性、递进性、探究性、典型性和综合性，练习方法要多样化，提高学生练习成功率，使学生在精练中提升学习效果。

三是以创境与设疑强化问题刺激。创境是指想方设法创设系列情境，组织大量刺激要素，以不同形式刺激学生与问题对话，强化学生对于问题的观察、思考和记忆，不断巩固学习成果。设疑是通过问题刺激培养学生的思维能力，比如在课题上设疑，在重点和难点上设疑，在衔接和联系上设疑，在思路和比较上设疑，在实践和谬误上设疑等。设疑应注意目的性、启发性、趣味性、针对性、整体性和主体性等。在刺激策略上，可有以下几种：

（1）语言刺激：教师以"奇""精""新""美""艺术"刺激学生与问题对话。

（2）媒体刺激：教师以背景内容、核心内容、激趣内容、重复呈现刺激学生思考。

（3）演示刺激：教师以模拟演示、实物演示、图表演示刺激学生学习。

（4）情景刺激：教师以活动、实验、心理体验、故事情景刺激学生与问题对话。

（5）情感刺激：教师以激励方法、"移情"手法，刺激学生与问题对话、合理调节情感状态。

5.2.4 教学模式

教学模式是指在一定教学思想或教学理论指导下建立起来的较为稳定的教学结构框架和活动程序。教学结构框架是指教学模式从宏观上把握教学活动整体及各要素之间内部的关系和功能；活动程序是指教学模式具备有序性和可操作性，内容包括理论依据、教学目标、操作流程、实现条件、教学评价5个因素，这5个因素之间有规律的联系，就是教学模式结构。

教学模式是一定的教学理论（或教学思想）反映和教学行为规范，不同的教育观往往导致不同的教学模式。比如，概念获得模式和先行组织模式，其理论依据是认知心理学的学习理论，而情境陶冶模式的理论依据，则是人的有意识心理活动与无意识心理活动、理智与情感活动在认知中的统一。

任何教学模式都指向一定的教学目标，在教学模式的结构中，教学目标处于核心地位，并对构成教学模式的其他因素起着制约作用。它决定了教学模式的操作程序和师生在教学活动中的组合关系，也是教学评价的标准和尺度。

每一种教学模式都有其特定的逻辑步骤和操作程序，它规定了在教学活动中师生先做什么、后做什么，以及各步骤应当完成的任务，展示出教学操作流程（即教学实施环节、步骤、策略），对教学环节操作程序有清晰的设置，说明教学方法实施的基本程式。

任何教学模式应用都受环境条件影响，如教师、学生、教学内容、教学手段、教学环境、教学时间等。由于不同教学模式所要完成的教学任务和要达到的教学目的不同，使用的程序和条件不同，其评价的方法和标准也有所不同。

由于任何一种教学模式都围绕着一定的教学目标设计，而且每一种教学模式的有效运用也需要一定条件，因此，不存在对任何教学过程都适用的普适性模式，也谈不上哪一种教学模式是最好的。评价教学模式的标准是在一定情况下其达到特定目标的有效性。在选择教学模式时，必须注意不同教学模式的特点和性能，注意教学模式的适用性。

教学模式是具体化、操作化的教学思想或理论，它把某种教学理论或活动方式中最核心的部分，用简化的形式反映出来，为人们提供一个比抽象理论具体得多的教学行为框架。对教师教学行为做出具体规定，便于教师理解、把握和运用，使得教师在课堂上有章可循。教学模式是教学实践和教学理论构想的统一，所以它有一套完整的结构和一系列运行要求，体现着理论上的自圆其说和过程上的有始有终。

教学模式也可以是大量教学实践活动的理论概括，在一定程度上揭示了教学活动的普遍性规律。一般情况下，教学模式并不涉及具体的学科内容，所提供的程序对教学有普遍性的参考作用，具有一定的稳定性。教学模式是依据一定的理论或教学思想提出来的，而教学理论和教学思想又是一定社会的产物，因此，教学模式总是与一定历史时期社会政治、经济、科学、文化、教育相联系，受到教育方针和教育目的制约。从这个角度上讲，教学模式稳定性又是相对的。

虽然教学模式并非针对特定的教学内容，却体现某种理论或思想，并在具体的教学过程中使用。在模式使用过程中，必须考虑到专业特点、教学内容、教学条件和师生具体情况，对模式使用进行适当调整，以体现对特定对象的主动适应。教学模式并不是限制教学的框框，所谓教无定法即是指应灵活使用教学方法，比如，专业类型、课程难易、生源特点都会影响教学模式作用。

教学模式命名须反映教学法的实质和特点。例如，广州城市职业学院"剪纸艺术"课程主讲教师在课程教学改革基础上，总结课程教学"三阶段、五步骤"模式，从模式命名中可以看出其基本环节和核心内容。教学法是教学模式的核心，它有自身的特点、内涵和外延。比如，职业教育中常用任务驱动法教学，是指以完成任务作为教学载体，把教学目标隐含在任务之中，通过完成任务来提高学生职业岗位工作能力，培养学生创新意识、创新能力和自主学习能力的教学法。

5.3　促进学生发展

5.3.1　学生全面发展

教育的根本目的在于促进学生全面发展，为此，职业教育将教学工作重点放在综合素质和职业技能两个方面。学习能力提升是促进学生全面发展的基础，具备终身学习能力有利于提高学生对于未来的自信，它是学生综合素质发展和职业技能提升的持久保证。因此，应该出台相应的制度和措施，建立人才培养工作质量保证体系，开展常态化的教学诊断，并对发现的问题加以改进，这是提高学生学习能力的重要措施。

> 标准 12：培养方案应该支持学生成为全面发展的、具有自信的个体，成为优秀的职场一员。

标准 12 对培养方案应促进学生全面发展提出了要求。通识教育注重促进学生全面发展，因此，在培养方案中，须明确提出通识教育目标，把基本知识教育和素质养成放在重要位置。通识教育中包含学生技能可迁移性培养，包括以下几个方面：一是培养严密、批判、分析的思维方式，进行理性的辩论和得出结论的能力；二是在培养方案所列课程中，有意识地培养学生的拓展能力；三是培养工作中的人际交往和团队合作的能力，提高处理问题所需要的情商；四是培养综合一般概念，并将其付诸实践的能力；五是培养服务社会的能力等。

培养方案包含德智体美劳各方面内容，并有利于促进学生在职业发展上的成功，具体落实在就业竞争力上。比如，有较完善的学生学习指导、职业规划、就业指导、心理辅导等方面的措施，并在教学过程中得到落实；为学生提供与完成所学专业相适应的实践项目、以工作为基础的学习和实习机会，以及学生得到这种机会的相关信息。专业要为学生提供自主学习的选择机会，并对现实培养目标起到促进作用。

由于受到各种外部因素影响，学校并不能保证每位新生都能达到专业入学基本门槛条件，对于未达到专业入学标准要求的学生，学校要有相应的措施（比如，给予预科学习、实习机会），以保证学生在进入专业学习时，达到入学标准要求。

近年来，高校专业教学基本工作标准文件已经从传统的"专业教学计划"变为"专业人才培养方案"，其重要原因是培养方案更注重学生发展。传统的专业教学计划关注学生专业知识和技能体系学习，而专业人才培养方案更关注学生在校期间的整体培养，所涉及范围远远超过方案所列课程学习内容。从培养方案框架结构来看，培养目标放在更为重要的位置。比如，高等职业教育培养服务产业发展需要的高素质技术技能人才，并以此构建各个教学环节，因此，除了专业课程体系以外，还涉及学生在校期间的各种校内外学习、服务、科研等活动，在培养方案的框架结构上，增加了教学环境条件、人才培养模式、实践教学方法、师生社团活动、创新创业活动等相关栏目设置标准。

5.3.2 学生个性化培养

专业必须具备实施教学模式所需要的环境条件，比如，校内实验实训条件、校外实践基地、各种文化活动场地、社会服务基地、专业实践活动项目等。没有教学条件支撑，人才培养过程中的教学实践环节、各种文化活动难以开展。在编制人才培养方案时，要考虑到学生学习、生活过程中的各种需要，做好教学条件准备。

以创新创业人才培养为例，要有创新创业项目支撑，有些项目需要校企合作开展，企业提供创新创业教育项目和资金。以企业项目为载体，在科研开发和市场运营方面，开展创新创业教育教学活动。比如，开发一种新产品，并在市场上取得成效，这是有高投资风险的创新项目，要把科技产品开发成为有市场占有率的产品，它能培养师生的科技开发能力以及市场运营能力。学校无法自主组织创新创业项目，也没有足够的经费支持，必须由企业合作投资，把教学项目变成社会服务项目。

以艺术类专业人才培养为例，其主要手段是创作艺术项目。对于多数专业来讲，专业教学经费难以保证项目创作之要求，首先要得到项目创作投资，需要有合作企业投资，以解决设计、制作、推广所需要的经费问题。学生要在市场上找到投资者，寻找投资的过程能培养学生将来参与市场竞争所需要的能力。有了这种经历，毕业生进入竞争市场就有了自信心，也为学生职业发展奠定基础。

学分制有利于促进学生个性化培养，它是以选课为核心、注重评价学生学习质量的教学模式。现行学分制有两种比较成熟的类型：一是学年学分制，它既有学年制的特征，又有学分制的特征。它既保留了学年制计划性强、专业分类严密完整的特性，又发挥学分制的优势。比如，在课程选修方面，给予学生在一定范围内的自由度等。二是完全学分制，它是把必须取得的毕业总学分作为毕业标准的教学制度，按照培养目标和教学计划中各门课程及教学环节学时量，确定每门课程学分，设置必修课和选修课，规定各类课程比例，以及准予学生毕业的最低总学分量。

学分制具有以下优点：一是以学分代替学年，以弹性的教学计划和学制代替刚性的教学计划和学制，培养方案实施具有较大的时间弹性和选课弹性。二是以选课代替排课，允许学生根据自己的能力与兴趣安排个人修学计划，甚至可以随时改变修读专业。三是能够真正实施"选我所爱，爱我所选"，激发学生的学习积极性、主动性和独立性，因材施教开发学生潜能。

5.4 国际视野

> 标准 13：发展学生的国际意识，在教师、学生、教学材料和国际交流活动等方面，构成影响学生国际化的文化氛围。

5.4.1 国际教育理念

专业办学是否具有国际理念，能否培养具有国际视野的专业人才，可以从是否符合国际化教育教学标准（比如，《华盛顿协议》《悉尼协议》《爱尔兰协议》等国际工程教育协议下的基本办学理念和标准）上考察。从专业人才培养质量标准来看，观察以下与国际化程度相关的指标，可看出该专业在国际化教育发展上是否有所作为：

一是国际学生所占比例，或国际交流对人才培养的影响。当今世界一体化发展，国际学生比例是高校国际化的重要标准。

二是师资队伍中外籍教师和具有国际背景教师的比例。国际化学校应建立从全世界引进优秀教师的机制。

三是选用国际教材情况。促进专业采用国际最先进的教材，利用它们承载国际最前沿的教学内容和教学设计。

四是师生外语水平。外语水平决定了国际交流的需求和能力，提高师生外语能力有利于推进国际化人才培养。

五是海外进修和工作情况。毕业生到海外修读学位，或在国际化企业工作的情况，在相当程度上反映学校国际化教育的成效。

六是国际行业和职业标准的引入。引入国际职业标准和教学标准，将其改造成为校本教学标准，是提高专业人才培养国际化水平的重要抓手。

还有一些人才培养工作指标也在一定程度上反映专业教育的国际化程度。比如，专业每年组织和参与各种相关国际学术交流活动的频率，人才培养方案制订及课程设置的国际化程度，专业与国际社会同类相关专业团体的关系，包括国际组织合作对象的选择、参与程度，以及是否参与国际组织工作等。

5.4.2　国际化人才培养

专业是否能够培养国际化人才，可以从专业是否为毕业生到海外就业（或到涉外企业就业）做好必要的准备工作上考察，其中包括课程设置、师资安排、外语能力培养，以及毕业实习计划等。外语能力是国际化培养的一个重要标志，是毕业生到海外工作的首要生存工具。近几十年来，教育部将外语掌握程度列为教育质量评价的重要内容，并组织全国统一考试，统考成绩也在社会上建立了一定的信任度，成为毕业生质量的标志。毕业生到海外升学或就业的比例，也在相当程度上反映专业教育的国际化程度。

改革开放以来，中国一流高校本科毕业生出国到国际名校深造，在相当程度上推动这些高校人才培养的国际化发展。近年来，随着"一带一路"倡议的发展，毕业生到海外就业的比例逐步提高。国际工程教育理念和标准也开始引入高校。国家出台了支持高校招收国际留学生的相关政策，国际留学生到国内高校就读的人数也逐年增长。

案例：

浙江大学竺可桢学院 2016 届毕业生包括混合班、人文社科实验班、巴德年医学试验班、数学与应用数学英才班、启真班、求是科学班（数学、物理、化学、生物、计算机、生物医学、食品安全与营养）等 22 个班级共 499 名毕业生。2016 年 5 月，出国（境）深造 195 人，他们大多前往哈佛大学、耶鲁大学、斯坦福大学、麻省理工学院、伦敦政治经济学院等世界一流大学攻读研究生学位，毕业生总体出国（境）深造率达 39.08%。

教育国际化是当下国家面临的重要课题，要加快我国高等教育的国际化步伐，使之尽快融入国际教育的大环境。加强与国外教育的交流，取长补短，走出一条符合国情的国际化教育之路。国际上有许多成功的办学经验和教育理念，比如，英国在高等教育国际化过程中，采取了一些有效措施，如课程国际化，即开设专门的国际教育课程，并在传统课程中加入国际化内容；开设国际商务、国际旅游等热门专业。英国高校国际化成功经验，可以为我们提供有益的启示。国际化课程设置、双语教学、聘请外教，以及利用现代多媒体技术、互联网等工具，宣传我国文化和教育，可帮助我国获得更多的国外教育资源，融入国际教育大环境等。专业教育国际化发展，应广泛汲取和借鉴国外的先进教育理念和教育模式，引进先进科技文化成果和教育经验，在国际竞争和交流中培养人才。

高校是面向世界、面向未来、培养国际性人才的舞台，在这个舞台上进行国际交流与合作，尽快摆脱日益陈旧的办学模式和教育理念，要全方位、多层次地与国际教育接轨，培养国际通用型人才。只有融入国际教育大环境，才能在日趋激烈的国际竞争中傲然挺立。学术交流与合作是高等教育国际化的重要抓手，特别是前沿科学领域的国际交流，比如参加国际学术会议、组织和承办国内外学术交流会议等。高校可选派教师和学生到国外进行访学交流，为他们提供汲取先进知识的机会。除此之外，大力引进国外的先进人才，聘请国外的教授来任教，邀请国内外专家进行学术讲座，也可以为学生提供了解先进科学知识的机会；吸引国外的学生来中国留学，通过交换生等路径，加强彼此合作，更好地促进高等教育国际化进程。

5.5 社会交往

5.5.1 校企合作办学

标准14：依托校企合作，加强培养方案中的实践环节，提升毕业生就业能力和促进就业。

校企合作是培养应用型人才的有效途径。学校须建立与人才培养适应的校企合作关系，并有效管理运用这些关系，为专业人才培养服务。为有效推进校企合作，专业团队应了解政府关于支持校企合作培养专业人才的新政策①，深刻理解产教融合、校企合作对于专业人才培养的重要意义，充分利用政府相关政策，完善校企合作办学体制机制，发挥企业在专业人才培养中的作用。

比如，学校主动搭建校企合作平台，将专业人才培养与企业用人需求紧密结合，建立跟踪产业发展机制，动态调整人才培养方向。专业办学与产业需求对接，课程内容与职业标准对接，教学过程与工作过程对接。专业与企业通过共同招生招工、共商专业建设、共议课程开发、共组师资队伍、共创培养模式、共建实习基地、共搭管理平台、共评培养质量，形成"人才共有、过程共管、成果共享、责任共担"校企合作办学模式，达成"企业得人才、学生得技能、院校得发展"共生互惠目标。

近年来，政府着力推进产教融合，通过建立教育部门、国有资产监督管理部门、国有企业、学校合作机制，形成校企利益共同体。双方以组建教育集团、校企股份制合作、自主经营生产、租赁承包、企中办校、校中办企等多种方式开展合作。学校与企业合作开展订单班、定向班、冠名班等培养模式，推行一体化课程教学改革，提高学生适应企业岗位工作要求的能力。

为促进产教融合，近年来，教育行政部门出台教师企业实践工作管理办法②，鼓励教师深入企业实践，成为企业培训师，建立教师和企业培训师资源共建共享机制。学校设置流动教师岗位，面向社会招聘经营管理人员、专业技术人员、高技能人才等担任专业教师，聘请合作企业经营管理人员、专业技术人员、高技能人才，担任专兼职教师。院校教师和管理人员、企业管理人员和技术人员，分别到对方单位兼职。支持企业发挥办学主体作用，学校与运营能力强、管理水平高的企业进行资源整合，组建多元主体教育集团，整合办学资源。

2017 年，国务院办公厅印发了《关于深化产教融合的若干意见》（以下简称《若干意见》），国家发改委、教育部等部门共同提出了一系列推进产教融合的具体举措。2018 年上半年，教育部等六部门联合下发了《职业

---

① 人力资源社会保障部、国务院国资委《关于深入推进技工院校与国有企业开展校企合作的若干意见》（人社部发〔2018〕62 号）。

② 《职业学校教师企业实践规定》（教师〔2016〕3 号）。

学校校企合作促进办法》（以下简称《促进办法》）。《若干意见》更多侧重产教融合，《促进办法》更多侧重校企合作，两个文件共同组成深化产教融合、校企合作的政策"组合拳"。近年来，我国各类高校在大力推进校企合作办学、推动就业创业、技术创新等方面取得了显著效果。

国内外高校成功经验证明，校企合作是校企双方实现互利发展的双赢战略性措施，有利于学校培养人才、提高师资队伍素质、增加办学活力、促进学生就业；有利于企业加强科技成果转化为生产力、改善企业员工职业素质、促进企业进步、增强企业竞争实力。日本职业教育被称为"企业眼中的教育"；德国职业教育被称为"企业手中的教育"。校企合作国际职业教育模式，可供借鉴和学习，如德国的"双元制"模式、英国的"工读交替"模式、澳大利亚的"行业主导"模式、以美国和加拿大为代表的CBE模式、以日本为代表的"校企合作"模式等。

经过几十年探索，我国高校在校企合作上积累了许多经验，学校"联姻"企业，逐步形成良好合作关系，探索不同形式、特色鲜明的合作，大致可归纳为以下几种形式：

一是"校主企辅"培养模式。这种模式即人才的培养以学校为主体，企业处于辅助地位。人才培养目标和计划主要由学校提出和制定，并承担大部分培养任务。企业根据学校提出的要求，提供相应的条件或协助完成部分（主要是实践教学环节）培养任务。这种模式的弊端是容易偏离校企合作的初衷——培养出符合企业实际需要的合格劳动者。

二是"校企联姻"培养模式。这种模式是校企联合共同培养专业人才，企业不仅参与研究和制定培养目标、教学计划、教学内容和培养方式，而且直接承担与产业部门结合的那部分培养任务。

三是"校企实体合作型"模式。这种模式即企业以设备、场地、技术、师资、资金等多种形式向高校注入股份，开展合作办学。企业以主人的身份直接参与办学过程，承担决策、计划、组织、协调等管理职能，企业通过参与办学，承担人才培养工作，分享办学效益。

职业教育从诞生之日起，就与产业部门有着天然、密切联系。职业教育培养满足生产一线需要的应用性人才和具备一定技能的劳动者，职业能力培养是教学工作的中心任务，这就奠定了校企"联姻"、强化校企合作的重要基础。高校与企业有效合作代表教育发展方向，有效的校企合作模式，应该包括校企双方的有机结合和协调运作，构成一个具有特定功能的整体。

案例：HK 学院—长安福特合作办学

合作思路与目标：建立服务于学院先进制造群和汽车群，合作建立承担专业认知、教学观摩、模拟教学、实训与岗位实践、学训互动等的全程化实践教学体系的校内外示范性实训基地；在高水平师资队伍、精造实训内容、探索多元实训途径、加强过程与结果的管理、实现学生零距离就业等方面共同建设，建成示范性校内外实训基地。

合作办学内容：根据区域产业布局及企业要求，服务模具设计与制造、精密机械、机电一体化、汽车检测与维修、汽车电子专业等专业办学，校企共建基于现代学徒制的校内外实训基地，如汽车工程应用中心（校内实训基地）、长安福特校外实训基地。

现代学徒制培养：组建现代学徒制长安福特定向班，校企双方共同制订人才培养方案，在创建实习实训岗位、顶岗实习、指导学生实际动手、保障学生实习实训质量等方面建立长效机制；建立实践教学管理平台，将实践教学活动纳入平台管理中。

办学特色：实行双导师制式的"交互指导"模式，专业教师偏重于对学生的理论指导，实训基地导师偏重于对学生实际操作指导，开展任务驱动下的实习实践；将实际生产过程中出现的问题及时地整合到教学内容中，使学生掌握的技能与理论能更贴近汽车制造的实际。

运行管理：根据"服务教学、服务科研、专管公用、资源共享"的原则，校企共建基地管理团队，建立有利于激励学生学习和提高学生能力的有效管理机制和实训环境，以及有利于校企资源共享的政策、经费、人事等保障机制。

主要成果：建立现代学徒制的汽车工程应用中心（校内实训基地）和长安福特校外实训基地；形成完整的"校企合作、工学结合"的高职人才培养方案，以及面向现代企业市场需求的课程体系；建立一支高素质"双师型"教师队伍，实现了现代学徒制订单式人才培养模式共管共建。

（基于现代学徒制下的校企深度合作案例——以 HK 学院—长安福特校企合作为例）

5.5.2 校企合作人才培养

校企合作专业人才培养，可以采用以下具体合作模式：

一是招生与新生选拔。由企业推荐生源（或校企共同选拔新生）实施招生与招工一体化，以现代学徒制模式为企业培养人才。

二是校企共同开发课程，开发基于企业工作过程的课程体系，以企业工作任务（或工作标准）组织课程教学内容。

三是共建专业教学团队，通过双向兼职，提升教师专业岗位工作能力和企业技术管理人员的教育教学能力。

四是校企共同承担教学任务，指导学生在企业岗位开展实践教学和项目指导，共同管理教学过程、评价教学质量。

五是校企合作建立岗位实习与就业之间的关联关系，支持学生通过岗位实习，找到就业岗位。

校企合作基于对称性共生互惠基础，共生互惠是校企跨界合作的前提。为此，专业需要提高服务企业的能力，包括服务企业的人才培养和员工培训能力，满足企业职工通过专业教育获得技能提升和职业发展的需求。学校应面向企业开展理论进修、知识更新和职业技能提升服务，参与技能人才评价和职业技能竞赛等活动；实施以"招工即招生、入企即入校、企校双师共同培养"为主要内容的现代学徒制培养。

校企合作建设校内外生产性实习实训（生产）基地。采用引企驻校、校企一体等方式，吸引企业与院校共建共享生产性实训基地，建设行业或区域性实训基地；院校与企业联合开发优质教育资源，发展"互联网＋教育培训"模式，开发立体化、可选择的产业技术课程和职业培训包；构建基于互联网的虚拟大学或虚拟学习社区院校，校企共同组织开展基于工作场所的学习活动，提供知识讲座、课程资源开发、技术辅导等服务，以多种形式参与企业培训机构建设；建立校企合作学习团队，通过多种教育培训服务供给，为企业员工提供终身发展服务。

案例：

NJ信息职业技术学院与西门子柏林技术学院、西门子（中国）有限公司合作开展的西门子机电一体化系统认证计划合作项目，以共同开展人才培养方案制订、人才培养过程实施、生产实训基地建设、"双师型"教学团队培养为目标，引入德国先进的职业教育理念，在三方互动、均为主体的思想指导下实施。

第一，建立合作机制。项目由西门子柏林技术学院负责，协助 NJ 信息职业技术学院完成培训讲师资格认证与培养、课程资源开发、课程教学指导、认证考试等工作；由西门子（中国）有限公司负责协助 NJ 信息职业技术学院完成实训室建设、学生实习与就业等工作；由 NJ 信息职业技术学院负责完成招生、课程开发与建设、教学实施、教学管理等工作。每项工作都会进行三方沟通与协商，定期举行会议，交流合作中的问题与解决对策，达成共识。

第二，开发认证课程。按照从知识导向转向行动导向理念，确定课程教学内容，按照系统教学法组织课程内容。课程实施从以教师为主导转向以学生为中心，课程目标从知识本位转向能力本位。

第三，师资培养。建设能够为企业提供技术攻关、员工培训、科技成果转化等方面服务的教师队伍，培养能够适应企业生产、服务一线要求的高素质高级技能型专门人才，搭建服务于校企共同发展的信息、技术共享平台。只有学校具备了上述合作条件，企业才会积极参与合作，校企之间的利益机制才有可能建立，校企合作关系也才有可能更牢固、更长远。

西门子（中国）有限公司协调安排 NJ 信息职业技术学院的认证课程教师到国内的西门子公司进行企业实践，教师加入公司工程师团队，共同从事项目开发活动，提高了技术水平，为培养适合企业需求的技能型人才提供保障。

第四，实践教学条件建设。西门子机电一体化系统认证计划合作项目旨在培养西门子机电一体化系统工程师。工程师需要有丰富的实践经验，能够解决工业现场出现的各种问题。因此，有必要建设一个与工业现场环境十分接近的实验室，以满足教学需要，学员结业后可以直接进入工作角色，减少公司的培训成本。

在西门子（中国）有限公司的大力支持下，按照"基础训练、仿真训练和实战训练""三段式"专业实践教学体系，双方投资建设西门子机电一体化技术实训室。实训室内包括模块化生产线（MPS）和全集成自动化系统以及相关的软件系统，涵盖了可编程控制器、变频调试、现场总线及工业以太网、人机界面、状态监控、机电一体化系统安装、调试、维护等技术。针对仿真训练模块，实训室引入了气动仿真软件、机电系统故障诊断仿真软件 Diagnose-KIT、基于 SIMIT 的 MPS 仿真系统。

第五，学生就业。合作的内在动力源于共同利益，在校企合作中，院校要获得教育教学效果，落脚点则首先是要服务于企业，为企业培养高素质新型人才。在西门子（中国）有限公司的协调下，在 NJ 信息职业技术学院举办西门子机电一体化系统认证项目专场招聘会，上海西门子燃气轮机部件有限公司、西门子数控（南京）有限公司、苏州西门子电器有限公司、欧司朗彩显特种光源（昆山）有限公司、博西华电器（江苏）有限公司、西门子变压器（武汉）有限公司均到该校招聘人才。公司已成为 NJ 信息职业技术学院的就业实习基地。

[贺道坤，段向军. 深度校企合作下职教人才培养的典型案例分析[J]. 职业教育研究，2014（9）.]

第六章 人才培养效果

6.1 人才培养工作质量评价

6.1.1 人才培养效果之内涵

培养效果是人才培养工作质量评价依据，以培养效果评价专业人才培养工作成效，可以有两个维度：一是在专业人才培养方案中所设定的毕业生培养目标达成度，即毕业生在何种程度上达到培养方案规定的目标；二是毕业生在目标就业岗位上的工作能力匹配度，即毕业生在何种程度上达到就业岗位之要求。由此可见，无论采用哪个维度来评价人才培养工作质量，体现在毕业生身上的培养效果，才是质量评价的主要对象。

当前，包括人工智能在内的重大技术创新正在重构经济活动各环节，并引发了全方位的社会变革。高新技术发展推动经济增长模式由传统要素和投入驱动向创新驱动转型，数字经济加速发展，经济增长动力主要来源于人力资本与知识创新。信息网络时代的一代新人已经形成，人流、物流、信息流流动性加剧，新思想、新技术、新事物层出不穷。因此，教育的基础性、先导性、全局性作用更加突出，教育对社会活动影响的作用更加凸显。没有教育现代化就没有国家现代化，没有高质量教育，必定难以满足人民对美好生活的需要，已经成为社会共识。

教育质量的出发点是立德树人，把质量目标定位于培养德智体美劳全面发展的建设者，教育教学工作就要坚持育人规律，尊重教育规律、学生身心发展规律和人才成长规律，为每个学生提供适合、有针对性和有效性的教育，让每个学生主动、生动活泼地发展。改革人才培养模式的核心问题，是把教育教学的重点从传授知识转向能力培养，把教育改革与发展的中心调整到促进学生健康成长和终身发展上来。

身处高等教育普及化时代的学生，有更多机会获得高质量、有特色的教育，个人对教育的选择范围也在大大扩展，包括对专业选择的自由度（即在具备相应条件的前提下允许学生转换修读学科和专业），对课程及学习路径、方式和方法的选择（比如，实行基于学分制的弹性学习制度，鼓励学生跨机构、跨学科、跨专业选修课程），支持学习者通过多样化的学习路径积累学习成果（认可学习者通过非正规教育和无固定形式学习所获得的学习成果）等。互联网和移动终端等现代信息技术，大大拓展了学生获得教育的机会，数字化学习的普及推进了优质教育资源共享，扩大个性化教育的多样化选择，建成人人能学、处处能学、时时可学的学习空间。这也对培养效果评价的目的和手段提出了新的要求。

案例：日本高等教育质量评价

日本实施以贯彻"学习三要素"为核心的课程改革目标，即知识（掌握了什么）、技能（掌握的知识如何使用）和人格（在社会中如何相处以及相关认知）。日本和中国同属于亚洲国家，都有过先学习欧洲模式（日本学德国、中国学苏联）后学习美国模式的经历，日本又先于中国进入高等教育大众化和普及化时代。因此，日本对于高等教育质量的实践历程和相关思考，对于我国高等教育的下一步发展有一定的参考价值。

2004年以前，日本重视教学设施、教员数量等资源性投入，重视教学过程，包括建立组织化课程体系和重视授课内容等，在质量标准制定方面，有制定统一标准和各校自定标准两个思路。2012年以后，重视教育结果输出，每所大学公布自己的知识、能力标准，大学的主体性、自律性得以提升。

日本高等教育着力在专门（学术）知识技能、专业与应用能力、一般能力三个方面培养学生，从重视知识技能的考试评价，转向专业与应用能力的培养，把一般能力的培养放在基础教育阶段初步完成。

日本高校改革方向是放松管制，增强学科、课程自由化和多样化。在国家标准基础上，高校更愿意用自己的标准。2020年施行新高考改革，除了要考中学生的知识掌握情况，还要考技能和能力。

6.1.2 教学评价原则与功能

客观性是教学评价的第一原则，它是指在进行教学评价时，从测量的标准和方法到评价者所持有的态度，以及最终评价结果，都应该符合客观实际，不能主观臆断或掺入个人情感。因为教学评价的目的在于给学生的学和教师的教以客观的价值判断，如果缺乏客观性就失去了意义，由此可能导致教学决策错误。教学评价原则包括以下四个方面：

一是整体性原则。教学评价是对组成教学活动的各方面做多角度、全方位评价。教学质量从不同的侧面反映出来，是多因素组成的综合体。因此，为了反映真实教学效果，必须把定性评价和定量评价综合起来，使其相互参照，以求全面准确评价教学的实际效果，同时要把握主次、区分轻重，抓住主要矛盾，确定影响教学质量的主要因素。

二是指导性原则。教学评价不能就事论事，要把评价和指导结合起来，对评价结果进行认真分析，从不同的角度找出因果关系，找出质量问题产生的原因，并通过及时、启发性的信息反馈，帮助被评价者明确今后的努力方向，发挥教学评价对促进教育教学质量改进的作用。

三是科学性原则。教学评价要从教与学相统一的角度出发，依据教学目标，确定统一评价标准，使用相关测量手段和统计方法、科学评价程序，对各种数据进行处理，而不是依靠经验和直觉进行主观判断。

四是发展性原则。教学评价应成为鼓励师生、促进教学的手段，要发挥教学评价在促进学生学习进步中的作用，着眼于教师教学改进和能力提高，调动师生的教学积极性，提高教学质量。

教学评价功能包括师生教学导向、教学质量鉴别、教学信息反馈、管理决策咨询、学生学习强化和促进竞争六个方面功能：

一是师生教学导向功能，教学评价应有利于专业端正教学指导思想和办学方向。以国家教育方针和课程标准规定的目标、任务、内容作为教学评价的基本依据，引导教师教学和学生开展学习活动。根据评价结果判定师生是否偏离教学轨道、是否偏离教育方针和教学目标、有无全面完成各科教学大纲规定的任务，从而保证教学始终沿着正确的方向发展。

二是教学质量鉴别功能，通过教学评价，了解教师教学效果、水平、优点、缺点、矛盾和问题，在了解状况的基础上，安排教师进修与提升，有助于学校决定教师聘用和晋升。教学评价能够对学生在知识掌握和能力发展程度上做出区分，从而为选课学习、职业定向提供依据。

三是教学信息反馈功能，教学评价要有利于帮助教师和学生掌握教学进程。教师获得评价反馈信息，及时了解教学方法和教学过程组织中的不足，诊断学生在学习上存在的问题与困难，调整教学工作。教学信息帮助教师了解教学活动中所采取的形式和方法是否有利于促进教学目标的实现，为改进教学提供依据。学生获得评价反馈信息，可以了解自己当前学习状况，从而调整学习方式。此外，对学生进行记录成绩测验、评定，可有效地激发并调动学生的学习兴趣，推动课堂学习改革。

四是管理决策咨询功能，通过对教学工作全面和准确的评价，支持专业做出正确决策。1981 年美国教育部组织了一次历经 18 个月的教育评价活动，评价的结论是：学校课程平淡，学生学习时间短，鼓励学生学习的措施减少，导致教学质量下降。这个结论在美国引起了强烈反响，50 个州对学校教学采取了改进措施，包括提高教学要求，延长学生学习时间，改革课程设置、教学内容和方法，有计划地培训教师等。

五是学生学习强化功能，教学评价应有助于调动教师教学工作的积极性，激发学生学习的内部动因，维持教学过程中师生适度的紧张状态，帮助教师和学生把注意力集中在某些重要部分。适时、客观地对教师教学工作作出评价，能帮助教师明确教学成就和努力方向，促使教师进一步研究教学内容、教学方法，以提高教学水平。来自教学评价的教师表扬、鼓励、学习成绩测验等，可以提高学生学习积极性和学习效果。

六是促进竞争功能，教学评价应有利于通过比较促进教学竞争。教学评价客观上存在类比性，通过对学生学习成果评价，引起任课教师之间、学生之间、班级之间、学科之间的横向比较，从而了解到教师、学生、本班、本学科的优势和劣势，看到差距，认识到自己在总体中的相对地位，客观上能起到促进竞争的作用。

6.1.3　质量评价的整体性

进入 21 世纪，我国高等教育转入以提高质量为中心的内涵发展。但是，只有以质量为中心的理念还不够，还需要将教育理念转化为制度设计和教学安排。笔者认为，人才培养评价应在理念、专业和课程三个层次制定教学标准。

首先要遵循"立德树人、四个服务"办学和教育理念、符合《中华人民共和国高等教育法》（以下简称《高等教育法》）规定的培养"社会责任感、创新精神和实践能力"高级专门人才要求，从《关于深化教育体制机制改革的意见》提出的"在培养学生基础知识和基本技能的过程中，强化学生关键能力培养"具体要求出发，细化保证高等教育规格和质量所需要遵守的原则（包括价值观、知识、认知能力、创新能力、合作能力等方面须达成的原则要求）。

其次是分专业（类）制定教学标准，提出专业人才培养规格中的知识、技能、能力标准要求，并使之明确、可测。专业教学标准应凝聚共性、保留特性，既体现教育教学共同规律，也展示专业人才培养特色。

最后是制定课程教学标准，明确每一门课程在本专业人才培养中的作用。课程的知识点、技能点、能力点及培养方式均应明晰，与课程体系中的其他课程构成逻辑关系。在知识、技能、素质三个维度设计教育教学内容。从学生个人成长发展与社会需要相协调的角度来看，知识、技能、素质共同构成专业能力。

知识是人们在社会实践中获得的认识和经验，是能力获得的基础。专门人才须具备一定的基础知识和专业知识，知识学习可用于思维训练，它是培养学生思维力的主要元素或媒介。每一个专业都有结构化的知识体系。基础知识、专业知识和方法论知识搭配的结构化程度越高，越有助于学生成为专业人才。

技能是关于完成某项任务的身体操作或心智活动的习惯性反应，是学生能力的具体表现形式。技能培养的主要方式是实践训练，完成某些具体专业工作任务，仅有理论知识还不行，还需要专业技能，它们主要在专业实践中得到培养。

素质主要包括思维和态度。思维是在表象、概念基础上，进行分析、综合、判断、推理等认知活动的过程，是人类具有心智的心理活动形式，也是高等教育人才培养的最高境界。思维力是人类特有的精神活动本领，可以渗透到各种专业能力之中，如学习能力、发现和解决问题能力、创新能力等。思维在人的智力结构中处于中心地位，对于学生获取知识、掌握技能，以及发展多方面能力，起着决定性的作用。智力结构搭建得好，思维层次就会提高，自我学习能力就会增强，以应对未来工作和成长的需要。态度是人们在自身道德观和价值观基础上对事物的评价和行为倾向，表现为对外界事物的内在感受、情感和意向。态度作为一种心理现象，既是指人的内在体验，又包括人的行为倾向。一般而言，态度是潜在的，主要通过人们的言论、表情和行为来反映。从教育角度来看，相比知识和技能，态度的包容性更强，主要体现在"做人"上。而知识、能力主要体现在"做事"上。因此，从人的社会化角度看，能力仅仅是谋生和发展的基础，而个人发展得好不好，与社会责任感等"做人"素养密切相关。

当下，高校育人中存在的主要问题是把知识传授和记忆当成一切。但学生成长更需要在上述三个维度上协同推进，知识可以通过传授学习和记忆获得，技能需要通过培训指导和练习获得，素质则需要由逻辑训练和心智开发形成。这三维系统不能单维独进，不能用知识学习一种规律来代替其他育人规律。

能力测评理论在实践中被用以指导专业人才培养效果评价，虽然测评是一项专业性很强的工作，但在技术上并不是难题。在传统教育教学评价时代，教学者偏向于采用知识点考试方式，一是因为考核方式简单易行，二是适合于知识和思维评价。但当教育教学工作从完成课程教学任务转向高素质人才培养以后，专业人才评价便更需要在技能和思维力上下功夫。

以能力素质测评来评价教育教学效果，是以实际成效为依据，通过测评个人的各项能力素质指标，评价学生在一般常见情境下和在一个持续特定时期内的行为方式和思维方式。

能力素质测评基于评价模型，聚焦于学生的能力表现，关注学生在关键情境中的个人行为选择。能力素质测评是一种特殊复杂认知活动，其主体包括测评者和测评对象，这就决定了能力素质测评不同于其他测评活动。归纳起来，能力素质测评主要有以下几个方面的特点：

一是抽样测量。学生素质和学习成效不是在某一孤立时空抽象存在，而是弥漫于个体活动的全部时空。从理论上讲，能力素质测评涉猎范围越广，搜集相关信息越充分、越全面，测评结果就越有效、越具体客观。但在实际操作中，在有限时间内不可能掌握被测评者素质的全部表征信息，只能本着"部分能够反映总体"的原理，依据公开与开放、可靠性与正确性、全面与重点相统一和可行性等原则，对测评要素进行抽样，保证样本足够多及代表性足够强，从样本的测量结果来推断全部测评内容的特征。

二是相对测量。任何人才培养质量测评都不可避免地存在误差，这是受质量评价主观性决定的。学生素质具有抽象模糊性，素质能力的构成极其复杂，相对而言，评价方法有一定的局限性。因此，人才培养质量评价既有精确的一面，又有模糊的一面（比如，德国科学家海森堡于 1927 年提出了物理学中的测不准原理，实际上，在学生能力素质测评中也存在测不准状况，即测评结果既反映被测者素质的基本状态，又与被测者真实素质有一定程度的偏离，测准是相对的，测不准是绝对的）。随着教育评价理论创新和信息化技术应用推广，对于学生能力素质测评会逐步摆脱测不准的状况，逼近更准确状态。

专业人才培养质量评价，要根据培养目标定位选择评价方法。由于不同专业学生的知识、能力素质结构要求不同，需要有对应的测评方法与之相匹配。比如，人文社科类专业与工程技术类专业相比较，它们对应的职业思维方式存在明显区别，面向的职业岗位也大不相同，质量评价标准也会有很大区别。人文社科类专业人才培养的开放性思维要求，在许多方面高于工程技术类专业人才培养。而工程技术类人才的数理逻辑思维培养，在解决实际工程问题时，会提出比人文社科类专业更高的要求。

6.1.4　教学质量评价方法

教学评价以教学目标为出发点，对教学过程及结果进行价值判断，以此作为教学决策的依据。它既是对教学活动的现状或潜在价值做出判断的过程，也是对教师教学和学生学习做出评价的过程。教学评价对象包括教师、学生、教学内容、教学方法手段、教学环境、教学管理诸因素，以及对学生学习过程和教师教学工作过程评价。教学评价过程有两个核心环节：一是教师教学工作（教学设计、组织、实施等）评价，也称为教师教学评估（课堂、课外）；二是学生学习效果评价，即常见的考试与测验。

教学评价是通过对教学过程及结果的测量，判断教学工作的质量、水平和成效。评价也可用于教学工作诊断，即通过对教学效果的全面评价，了解教与学两个方面的状况，从而判断教学工作中存在的缺陷。全面客观的教学评价，不仅能了解学生学习在多大程度上达成教学目标，还能从中分析学习成绩所反映出来的问题和原因，并找出解决问题的方法。由此可见，教学评价如同身体检查，是对教学工作的科学诊断。

无论是教师教学还是学生学习，教学评价都有监督和强化作用，它能够反映教师教学效果和学生学习成绩。有经验和研究表明，在一定的限度内，经常进行记录成绩的测验，无论是对教师的教学改进，还是对学生的学习动机端正，都具有很大的激发作用，可以有效推动课堂教学改进。通过教学评价取得的信息，有助于师生了解自己的教和学情况，并根据反馈信息修订计划，调整教和学的行为，从而推动教师和学生更有效地教学（学习），达成规定的目标。

教学评价本身也是教学活动，可以帮助学生从中获得更多的知识、技能，促进智力和品德发展。有经验表明，在每学期考试周，学生投入学习时间最多。据此，笔者在主持学校教学工作时，通过延长学期考试周时间，拉长考试周过程，促进学生将更多时间投入学习。

教学评价可分为量化评价和质性评价，常用的教学评价的方式有测验、征答、观察提问、作业检查、听课和评课等。要更好地发挥教学评价对教学工作的促进作用，在设计教学评价方法和实施教学评价过程时，须做好以下准备：

一是明确教学评价目的和对象，以解决教学评价的方向性问题，即要搞清楚评价对象是什么，为什么要做评价。

二是明确教学评价的内容和具体目标，即明确评价哪些具体内容（指标），这些内容应该是什么样的状态。

三是明确开展教学评价所需要的相关条件，即准确开展教学评价所必须具备的教师、学生、教学过程等条件。

四是对列入教学评价的相关资料进行客观、科学的判断，引入利益不相关的第三方评价，有利于保证评价工作客观公正。

依据评价在教学活动中发挥作用的不同，可把教学评价分为诊断性评价、形成性评价和总结性评价。

诊断性评价是指在教学活动开始前，对评价对象的学习准备做出鉴定，以便采取相应措施，使得教学能够顺利、有效实施。诊断性评价的实施时间一般在课程、学期、学年开始或教学过程中，其作用主要是确定学生学习准备程度和适当安排学生学习。

形成性评价是指在教学过程中，为调节和完善教学活动，保证教学目标得以实现而进行的学生学习成果评价。形成性评价的主要目的是改进、完善教学过程。基本步骤分三个阶段：

首先确定形成性学习单元的目标和内容，分析其中包含的要点和各要点之间的层次关系。

其次实施形成性测试。测试包括所测单元的所有重点，测试后，教师要及时分析结果，同学生一起改进、巩固教学成果。

最后实施平行性测试，其目的是对学生所学知识加以复习巩固，确保学生掌握并为后期学习奠定基础。

总结性评价是指以预先设定的教学目标为基准，对评价对象达成目标的程度（即教学效果）做出评价。总结性评价注重考查学生掌握某门学科的整体程度，常在学期中或学期末进行，实施次数较少。

由于评价所运用的方法和标准不同，还可将评价方法分为相对评价法和绝对评价法。相对评价法是从评价对象集合中选取一个或若干个对象作为基准，将余者与基准做比较，排出名次、比较优劣。相对评价法便于学生在相互比较中判断自己的位置，激发竞争意识。绝对评价法是在被评价对象集合以外确定一个客观标准，将评价对象与这一客观标准相比较，以判断其达成程度。绝对评价法是指设定评价对象以外的客观标准，考察教学目标是否达成，可促进学生有的放矢、主动学习，并根据评价结果及时发现差距，调整自我。

2020 年，政府对教育评价提出了新的要求[①]，高校教学评价工作也出现了新的发展趋势。在评价主体上，更加强调学生的自主评价；在评价功能上，更加注重发挥评价的教育功能；在评价类型上，更加重视实施形成性

①　中共中央、国务院印发《深化新时代教育评价改革总体方案》。

评价；在评价方法上，更多采用相对评价法。当下，高校主要在以下两个方面推动评价改革：

一是学习评价的发展与开放。发展性评价注重对学习表现情况的全面考查和反馈，及时发现学生在学习过程中出现的问题，给予提示与帮助，它体现了"以学生发展为本"的新理念。开放性评价首先是评价内容开放，即不仅评价知识掌握和知识运用的熟练程度，还评价学生在实践中解决问题的能力。其次是评价标准开放，即评价既有一定的共性，又要适合各个层次学生，促进学生在原有基础上的发展，对少数表现出个性特长的学生进行特殊的评价。最后是评价主体开放，即评价既有教师评价，还有自评与互评，将来自各个角度的观察意见汇集起来形成全面评价。

二是教学评价的反思与改进。坚持教学反思可以提高教师的创新意识、专业化水平和教学技能。反思产生于问题，教师通过审视自己教学，找出教学中的问题所在。课程教学反思包括课前反思、课中反思、课后反思。课前反思有利于备课成为一种自觉的行为，课中反思会使教学活动高效率地完成，课后反思会使教学经验理性化。通过反思，改进教学观念、教学内容、教学方法与策略，提高教师自身素养。

6.2　学习成果评价

> 标准15：预期学习结果与培养方案相适应；毕业率和学生发展情况的统计资料与培养方案要求相适应。

6.2.1　培养方案与效果适应性

编制专业人才培养方案遇到的第一个核心问题是如何定位专业人才培养目标，它也是专业课程体系和教学模式设计的起点。一般而言，专业人才培养目标包含四个方面基本内容：

一是专业服务面向。它是指该专业多数毕业生将会在哪些区域、行业企业就业。显然，不同服务区域的行业企业，对毕业生的要求有差别，这是由行业区域特点所决定的。因此，就业市场调研（包括学生就业意向）

是编制专业人才培养方案的起点。

二是毕业生就业岗位（或者岗位群）。在专业设置时，对毕业生就业岗位有基本设定，培养目标和课程体系的设置围绕设定的就业岗位开展。虽然毕业生实际就业岗位受到多种因素的影响，也可能远离培养目标岗位，但人才培养必须依据目标岗位开展。

三是目标就业岗位工作核心能力。它既包括职业基本能力，也包括目标岗位工作核心技能。职业基本能力包括沟通、团队组织、企业文化等，岗位工作核心技能是针对具体岗位要求的知识掌握、技术应用、问题解决方法等。

四是促进学生全面发展。培养德智体美劳全面发展人才展示了教育的本质。什么样的教育最有助于促进人的全面发展？学生的思维能力和学习能力培养，可以为学生终身学习奠定基础。再比如，培养学生的创新精神和批判性思维，有利于学生在面对现实世界时，有一个正确的认知方法，为终身幸福打下基础。

上述四个方面构成专业人才培养目标基本要素，具体落实在培养规格上。培养规格通常是由知识目标、技能目标和素质目标三个基本部分组成。这种划分方式有利于指导专业团队选择专业课程体系和人才培养模式。

评价专业人才培养预期效果，就是考察培养规格达成状况。高校设置有一系列的考察指标，以具体地评价培养效果（比如，有些学校以课程考试成绩、综合表现评价、社会服务表现等衡量培养效果）。但专业人才培养效果评价指标是否与培养方案目标和要求相适应？设置的评价方法能否准确给培养效果评分？这些问题解决状况直接影响到预期学习效果与培养方案是否具有对应性。比如，人们习惯于以课程考试成绩来评价学习效果，考核内容包括知识和能力。但实际上，课程考试成绩与学习效果之间往往不对应（比如，德育教育的目标在于提高学生道德修养，但德育课程考试成绩与学生道德修养并不一定正相关），"高分低能"说法就是培养效果评价与培养目标不一致的表现。

以学习过程来评价学业状况，把学生在学习过程中完成作业［包括课程学习设计、实训（验）项目报告、产品开发等］的情况，作为学生学习成绩评价的重要组成部分，是高校教学评价改革的主要方向，它是对"以一次考试来决定学生学业成绩"的改进。这也要求课程学习过程与培养目标之间建立对应性关系，即把培养规格中规定的知识、素质、能力目标要求，融入课程作业、实训项目和产品开发等学习任务中，才能保证在学习任务完成的同时，达到培养目标规定的要求。

专业教学团队可以开展关于学生毕业率和毕业生发展情况调研，在对调研取得的统计资料分析基础上，判断培养方案是否有助于学生达到预期学习结果，并以此作为培养目标和培养方案调整的依据。这就要求专业团队建立有效、准确的评价体系，以及科学的评价方法和步骤。

专业质量保证体系建设是保证培养成效与培养目标适应性的重要手段，核心是发挥专业自身在质量保证中的主体作用。这就是说，质量保证实施的主体是专业教学团队，原动力是专业对于质量提升的内在需求。当然，专业质量保证不仅仅是专业教学系统内部的自循环过程，也包含"专业—企业"互动开放式反馈过程。

基于《悉尼协议》理念的专业质量保证，可概括为以院系负责人（专业负责人）为责任主体，以教师和学生为实施主体，以促进学生发展为目标，以行业发展趋势、企业用人需求为抓手，以学生（毕业生）、教师和行业企业为评价主体，构成质量保证循环系统。把师资队伍、课程体系、支持条件、设施条件作为质量保证的主要内容，以培养目标达成度、职业岗位能力匹配度为培养效果评价要素，构成集"导向、保障、监督、反馈、诊断与改进"等环节于一体的"双度引领"循环系统。

推动专业质量保证体系的有效实施，需要建立能发挥专业主体作用的质量保证工作流程。参考《悉尼协议》认证给出的质量保证工作评价指标体系，把协议提出的质量标准底线与校本专业特色相结合，设计一套基于专业人才培养工作质量标准的评价与改进工具，包括《质量评价表》《质量报告》《年度质量监控表》《年度质量监控报告》《质量监控综合评价报告》等。基于教学过程数据，分析培养方案、教学大纲、教材建设、实践环境、教学考核、教学行为规范等要素，自主发现问题、综合分析、查找根源，制订解决问题的方案和改进措施，形成质量改进螺旋递进的内部质量保障体系（图6-1）。

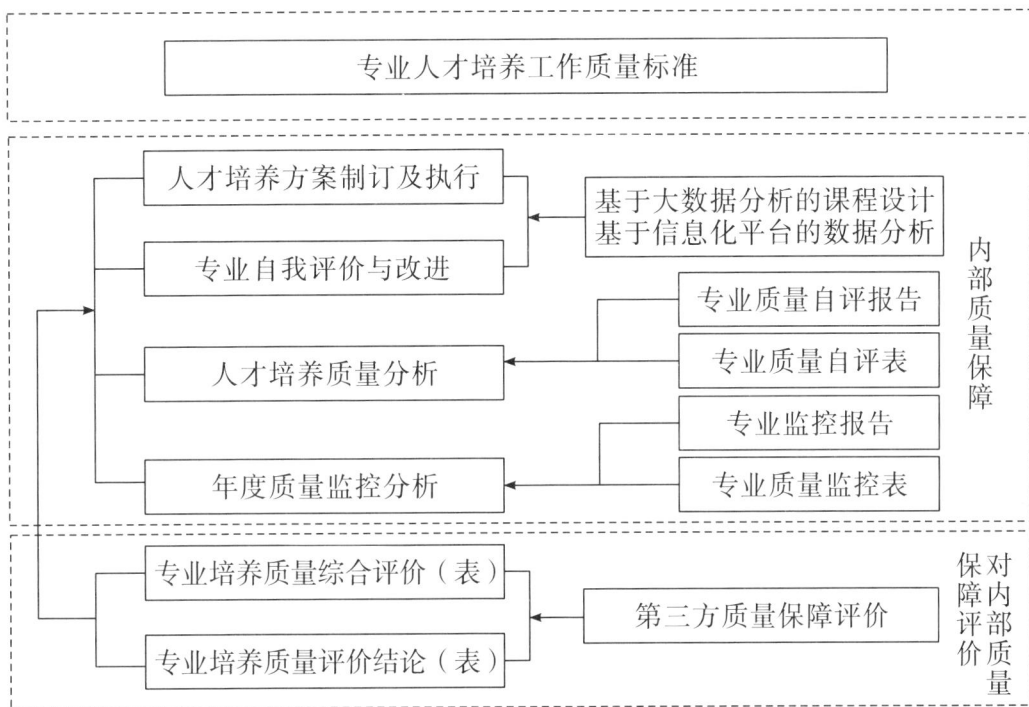

图 6 - 1　专业质量保证工作逻辑流程图

落实专业质量保证体系，需要得到对应行业企业的支持。学校要吸引更多校外企业专家参与人才培养和质量保证工作，以便专业跟踪行业企业对专业人才需求的变化，及时调整人才培养方向。参考《悉尼协议》质量保证理念和认证标准，学校自主制定专业人才培养工作质量标准和工作流程，听取企业对于学生培养的需求，也为毕业生在工程技术领域岗位就业奠定基础。

以信息化系统支持质量保证工作，是网络时代质量保证技术和手段重要特征，也是质量保证工作能够在常态教学过程中动态开展（双态实施）的重要条件。以广州城市职业学院为例，学校依据《悉尼协议》质量保障理念，开发"互联网＋"专业人才培养质量保证工作平台，发挥教学状态数据在专业质量保证中的作用，整合集成各种信息资源，为教学信息化、资源信息化、动态开展质量保证提供支撑（见图 6 - 2）。

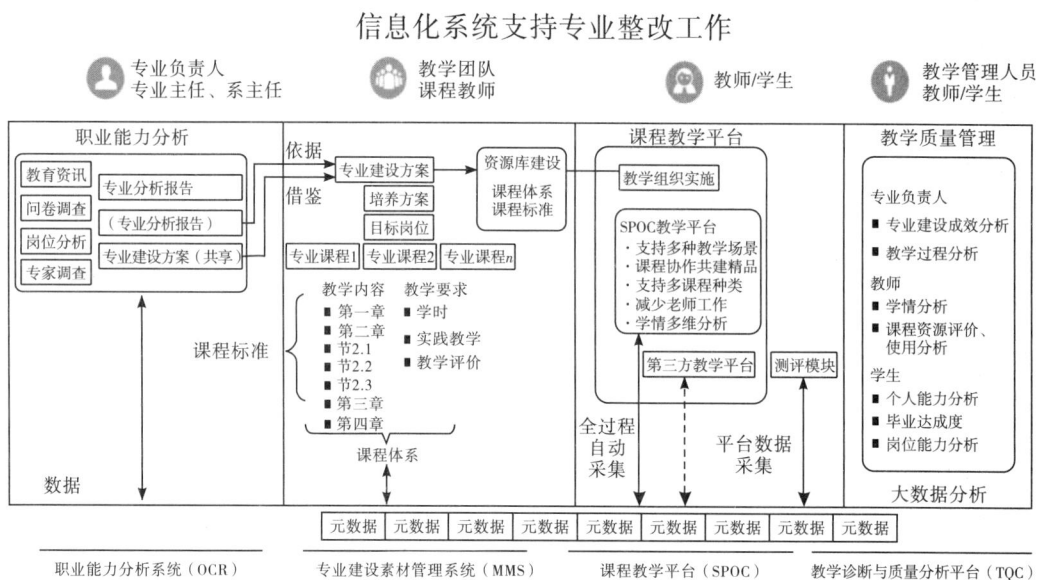

信息化系统支持专业整改工作

图6-2 质量保证信息化系统

6.2.2 学习评价与培养目标适应性

如何评价毕业生能力是否达到培养目标规定的要求？如何评价毕业生能力与目标就业岗位能力要求的匹配性？实际上，多数专业在评价学生学习效果时，往往以课程考核成绩作为主要评价依据。近年来，基于学习过程的评价方法被广泛应用，把评价重点放在学生的学习过程。比如，学习态度与纪律、作业（实训）完成情况等，学习过程表现与课程考试成绩组合起来，综合评定学生学业成绩。但这种考核方法，并没有解决学生学业成绩和实际能力相对应的问题，也不能说明学习目标是否达成（或达成率）。它既取决于考核评价方法是否针对教学目标，也取决于培养规格达成情况是否准确评价。多数课程考核（或基于学习过程的评价）与培养目标之间对应性不强，考核方式与培养目标评价之间不具有完全的对应关系，导致其不能衡量教学目标的达成度。

准确评价专业人才培养工作效果，需要正确设计基于学生学业完成情况的评价方式，以便能够对专业和课程教学目标达成度做出准确的评价。近年来，广州城市职业学院在构建专业人才教育工作质量保证体系中，推行以目标达成度为标准的评价方法，将"专业培养目标—课程教学目标—教学项目完成质量"——对应起来，以下一个层面教学活动对上一个层面学习目标达成的贡献，以及分解后的权重设置，确定项目、课程、专业教学贡献，得出培养目标达成度评价。

专业人才培养质量由相关课程和教学单元质量组成，"专业—课程—教学项目"之间的关系，犹如"人体—器官—细胞"之间的关系。专业质量源于课程质量、课程质量源于教学项目质量，基于教学项目为课程学习目标提供支持的程度，给每一个教学项目赋予一定的权重（教学单元对课程目标的贡献度）。同理，课程也是以一定的权重（课程对专业教学目标达成的贡献度）表示为专业培养目标提供的支持度，从而构成课程体系对专业人才培养质量的贡献，评价专业人才培养目标的达成度。达成度评价可以从两个层面分析：

一是专业教育目标层面，即培养方案中所确定的知识、素质与能力目标的达成度。培养方案是基于就业岗位定位人才专业目标，设置相应的知识、能力、素质要求，并以培养规格形式——列出。但在教学实施过程中，专业以课程体系和教学内容设计来落实培养规格要求，这就需要合理的课程考核方式，使得学业成绩能够用于评价培养规格达成程度。

二是毕业生就业要求层面，即培养效果与目标岗位工作要求的匹配度。专业培养方案中的课程体系和教学内容来自目标岗位工作或能力要求，依据职业岗位工作需要的知识和能力标准，评价培养目标达成度，则更多地反映社会需求。以达成度评价人才培养质量，需要建立毕业生跟踪反馈机制，对政府部门、社会对毕业生的统计反馈进行调查，以便取得相关人才培养工作质量信息。

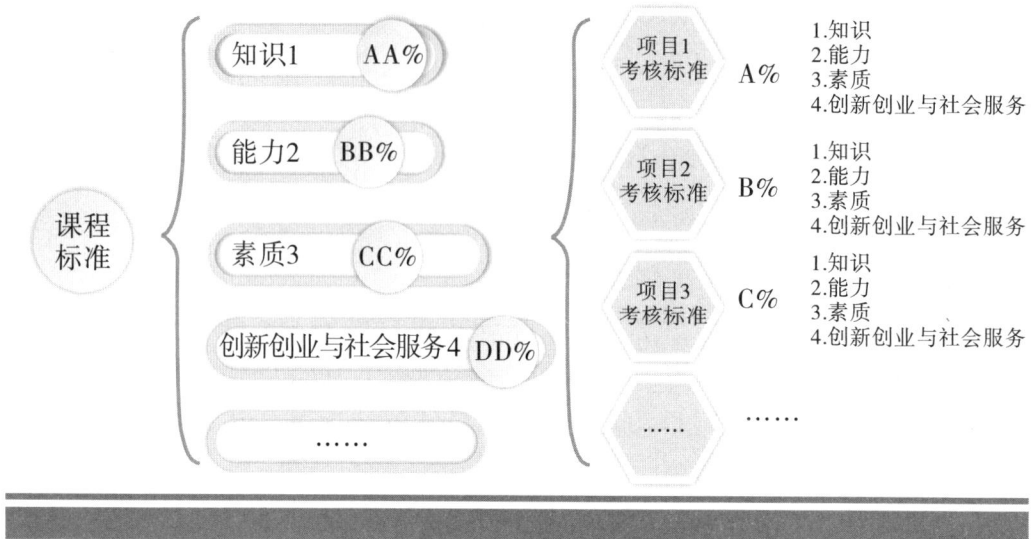

图6-3　项目贡献度、课程目标达成度

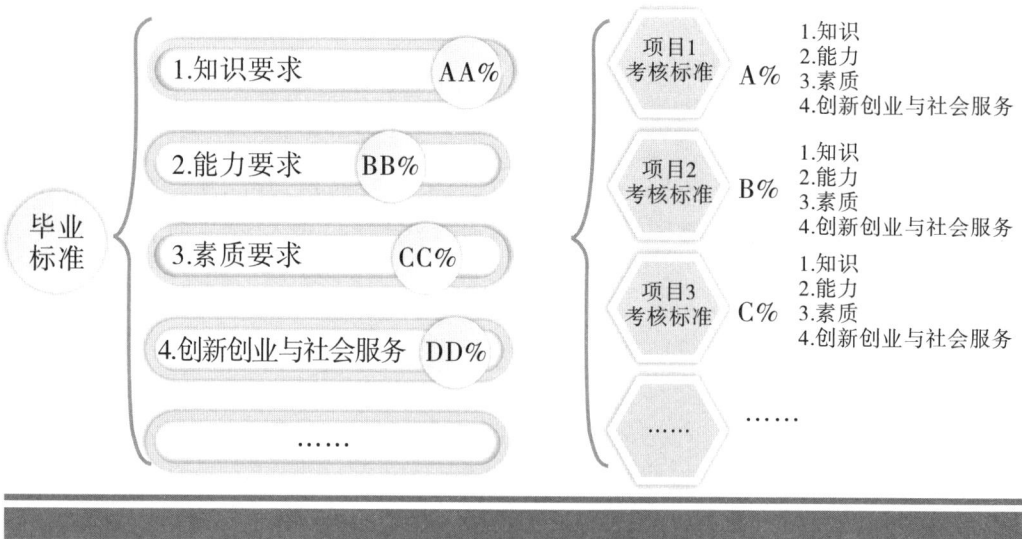

图6-4　课程贡献度、专业目标达成度

6.2.3 基于大数据的教学评价

现代教育越来越受信息技术影响，基于大数据分析是教育现代化的重要标志，主要表现为以数据展现教学行为，通过数据分析指明教学改进方向。随着移动互联网、大数据以及人工智能技术的发展，技术已渗透到教育教学的各个环节。智能推荐、自适应学习、学习者数字画像等创新应用极大地丰富了师生的教学体验，突破了传统教学的时空边界。学习资源不再是教科书中的内容，而是学生共同建构的生成性知识。学生可以通过网络与世界产生广泛的互联，教师的定位更多是信息技术环境下教学设计者和学生学习促进者。在大数据的支持下，学习分析技术与教学评价结合，创建支持多元智能发展的智慧环境。

以教育大数据为基础的教学评价，为开展多维空间教学评价提供可能。教学过程是信息流生成的过程，随着数据采集技术的发展，这些信息会自动沉淀或记录下来，其中，不仅包括学习结果数据，还有多维空间内学习发生的时间、地点，与他人产生的关联等内容数据。数据挖掘、统计分析等技术的发展，将多维空间中的数据连接起来，为评价学习者的学习效果、专业工作质量提供更多可能。

教学评价的目标是从"促进学习的评价"走向"评价即学习"。以教育大数据应用为中心，教学评价与教学活动、教学系统形成一套自成体系的方法，有利于逐步走向"评价即学习"之理想。传统上，教学评价"镶嵌"在教学活动过程中，由教师主导和管理，要求所有学生都达到相同的学习目标，达成常规意义上的形成性评价。然而，仅将评价嵌入学习活动，并不足以推动教学改革。"评价即学习"的目标是将教学评价融入学习目标分享、教学持续监控、教学活动反思、同伴评价和教学反馈的整个过程。

大数据背景下的教学评价，融入教学活动各个环节：一是为学生展现每个阶段或活动的目标，帮助学生理解活动目标与总体目标的关系；二是选用不同的智能技术支持教学评价活动，提示、引导学生接近学习目标；三是根据学习活动类型设计评价活动，以获取学生目标达成的证据，解释学生学习的进度与层次水平；四是以可视化的方式提供阶段性反馈，帮助学生确定学习状态与目标之间的差距，或在群体中的位置，并建议下一步学习方向，为学生提供持续的"分析—评价—反馈"循环。

信息技术应用有利于提升教学评价质量，但评价是人的认知与决策活动，而不是某种计算机算法。在教学评价实践中，要发挥智能分析技术的数据处理能力，让智能评价惠及每个层次的利益相关者。还要避免量化评价将人带入"精准教育"的歧途，始终保持教育思想对智能技术应用的引领作用，使教学评价从"智能"走向"智慧"。

社会文化情境快速变化，导致学习者的需求变化。因此，没有统一的教育大数据分析方法能够满足多样化的评价需求。根据学习者的发展阶段、学习目标的内涵、学习环境及条件等多种因素，设计灵活的数据分析模块、满足个性化的教学评价需求是未来智能分析的发展方向。在教育大数据分析的内容方面，把握教学评价的变与不变是关键。促进学习者的认知、情感和技能等涉及人的发展方面，是教学评价不变的主题，而关于教学情境、策略和方法的有效性评价，则因情境变化而变化。

在行为主义学习理论和测量统计学的支配下，学习评价被"科学化"为学习测验，教学评价则沦为"教学效果检查"。以外部考试或随堂测验结果为依据开展的学习测验，着眼于学习成就的外在价值，是回顾性的。然而，教学评价应既立足现在，又放眼未来，不仅关注测验的结果，更关注引起这些结果产生变化的过程性表现。数据分析可以为学习过程提供有效的导向，实现从结果测验向学习评价的价值回归。以教育大数据为基础的评价是教育现代化的重要标志，其外在表现是通过数据的方式展现个体外在行为，描画其内在价值观念和知识结构，其根本目的在于通过基于数据的评价唤醒主体自觉，指明发展方向，推动价值生成。

6.3 毕业生质量与就业状况

标准16：所培养的毕业生质量与毕业生标准相吻合，与同等层次的该专业国际标准相吻合；为学生就业提供的指导和帮助与学生最终就业领域相适应、与培养方案的预期就业领域相适应。

6.3.1　毕业生质量

毕业生在多大程度上达成专业人才培养方案所确定的培养目标（或在多大程度上达成培养目标要求），是评价专业人才培养工作质量的重要观察点。多数院校在专业培养方案中，只是规定了学生需要修读的课程、课程考核成绩、主要教学环节和相关证书获得的要求，并没有在毕业生的知识、能力和素质三个方面明确给出量化底线标准（实际上，培养规格中的所列指标在多大程度上反映培养规格三个方面的要求，也是值得探讨的问题）。

《悉尼协议》中关于专业人才培养方案设计，不仅仅停留在课程完成层面，而是根据学生发展和面向社会工作需要，将知识、能力和素质目标融入课程内容和教学过程，包括人文知识、科学知识、社会知识、社会能力、工程能力和实践能力，以及作为工程技术人员运用知识和能力的综合素质。

《质量标准》作用发挥不仅仅在于标准本身的制定，更重在标准实施过程中的条件、环境、内涵得到落实。建立对于学生学习过程表现的跟踪与评估机制，及时评估培养目标的达成度、学生素质能力与工程技术人员工作要求的满足度，随时取得学生和社会对培养目标达成情况的反馈，并且根据教学进程对培养目标进行修订。

通过对学生学习过程和学习效果进行评价，取得能够证明学生在素质、知识和能力上达成培养目标状况的信息，才能及时进行教学工作改进，保证学生毕业后具有社会适应能力与就业竞争力。为此需要将《质量标准》与教学标准相融合（即双标融合），实现《质量标准》融入常态化教学过程，建立专业人才培养工作质量保证体系，才能使得《质量标准》在专业建设和教学运行中持续发挥质量保证作用。

《悉尼协议》在提出专业课程体系基本框架要求的同时，也定位了工程技术专业学生培养与服务产业之间的关系，即以服务产业要求来设置课程体系、组织教学内容，这是学生培养与产业发展具有匹配度的重要保障，也为专业诊断与改进工作的实施提供了观察问题的切入点。比如，工程技术类课程（学分至少占总学分的30%）设置，要落实数学和自然科学在本专业的系统设计和应用；工程实践与毕业设计课程（学分至少占总学分的20%）设置，应注重培养学生的工程意识、协作精神以及综合应用所学知识解决实际问题的能力。

要使专业人才培养适应服务区域未来社会经济发展的需要，培养方案编制须有一定的超前性，要考虑到三年（或四年）以后的产业发展和就业市场状况。近年来，国内外经济、科技发展迅速，专业服务面向的经济、管理、科技和其他环境因素也会迅速改变。比如，2020年世界范围内新冠肺炎疫情暴发、流行以来，传统的全球化经济体系受到巨大冲击，国际产业链出现了重大变化，许多国家对经济发展做出了重新布局的调整。就广州而言，原计划在"十四五"期间加速发展的邮轮产业，因疫情冲击市场，被迫重新做出调整，因此，广州城市职业学院以邮轮度假为主要服务定位的相关专业，也相应调整专业设置和发展方向。专业定位调整的信息首先来自所服务产业的反馈，这些潜在的用人单位对于专业发展、人才培养方案建议，以及聘用毕业生的条件，都会对专业人才培养工作质量产生影响。因此，专业是否掌握这些信息、能否及时做出反应，应列入质量标准的重要内涵，成为质量保证体系中必须考虑的因素。

生源状况是专业人才培养方案编制和实施的重要前提条件。学校在招收学生时，必须明确学生入学资格，这也是确定毕业标准的基础。在高等教育普及化时代，高校招收学生的门槛大大降低，只要愿意入校学习的学生，基本上都可以注册入学。虽然入校的门槛已经降低，但教育部提出"质量不能降低、毕业标准不能降低"要求，也就是"课程标准不降低、学习门槛不降低"。国际上通用的做法是设立预科教育，帮助学生达到课程学习门槛要求。

经济发展全球化时代，对国际化人才培养提出了更高的要求，反映在专业人才培养方案上，须认真思考课程学习标准、毕业标准的设定，论证是否能够与国际期望标准相适应。因此，在编制教学标准时，需要对比（或引进）国际先进的教学标准和质量标准。比如，在编制专业人才培养方案时，可引入先进国家或国际组织的教学标准，融入校本培养方案和课程教学标准，采用国际标准对学生学业成绩进行考核评价。

6.3.2 毕业生就业质量

高等教育从通识教育转向专业教育，突出了教育服务社会和促进学生就业功能，成为应用技术人才培养的重要目标。毕业生就业状况在相当程度上成为人才培养工作质量评价的重要因素。进入 21 世纪，教育部在推行高等学校人才培养工作评估时，提出办学合格的基本标准是"进出两旺"，以此作为高校人才培养工作质量的基本标志，即一所"招生与就业两旺"的学校，在人才培养质量上没有根本性的问题。

专业教育如何促进学生就业质量提高？当下，几乎所有院校都设立了就业指导和服务机构，不仅提供学生就业服务（比如，帮助学生制订就业计划、推荐就业单位、发布就业信息等），而且开设相关就业指导课程、组织就业指导活动。但这只是"头痛医头、脚痛医脚"的应急策略，若没有人才培养理念和过程的支撑，它只是一种表面上的服务性工作。更重要的是把素质和能力培养融入教学标准，使得人才培养方案与学生预期就业岗位之间形成对应性。比如，在培养规格设定的知识、能力、素质方面，与大多数学生预期的就业岗位要求相一致，并落实到课程体系和教学活动中，使得学生学习过程有利于提高就业能力。

基于产教融合的校企合作人才培养，一个重要方面是专业应与潜在的用人单位合作，通过合作开展人才培养，促进学生就业。现代学徒制人才培养是最有代表性的校企合作人才培养模式，它有两个核心要素：一是基于企业岗位工作过程的人才培养，把培养过程与生产岗位工作融合起来，人才培养与企业运行一体化；二是企业主体下的专业人才培养，即由企业主导编制培养方案、提供教学资源和组织教学过程。这两个基本特征保证了现代学徒制人才培养与就业之间的紧密联系，使毕业生的实际就业领域与培养目标对接。

要做到毕业标准与用人单位需要相一致，专业要掌握用人单位对毕业生的具体要求，比如专业方向、核心能力、职业素质、实践经历等。即使是同一专业，在不同行业就业，也会有不同的要求。比如，自动化专业毕业生可能在钢铁冶金、化学化工、电子技术、航天工程等不同领域就业，它们对于自动化技术应用方向的要求会有一定的差别。因此，要求毕业生掌握不同专业方向上的应用技术，并拥有实践经历。为此，高校可以通过调研，掌握毕业生需求和用人单位聘用毕业生情况，在学制内的一段时间，安排学生在相关岗位进行专题学习与实践，以便毕业生在可能的就业岗位上找到职位。

毕业生在就业岗位上的薪酬水平，在一定程度上反映了学生就业能力的市场价值和企业对学生能力的认可度。专业可以根据这项指标，考察专业人才培养与市场要求的适应性。在现实中，有一些专业毕业生就业后的薪酬水平达不到非技术普通工的薪酬水平，收入甚至不能保证在所居住的城市体面生活，专业教育有责任避免这种现象出现。通过了解毕业生在这些单位升职与提薪的情况，掌握用人单位对毕业生的基本要求，帮助学生在毕业前达到就业岗位工作所需的素质与能力标准。

案例：2021 年大学生就业调研报告

2021 年，新冠疫情不仅影响了世界各国的经济，还给即将走向工作岗位的各校毕业生带来了相当大的影响。大学生面临着相当严峻的就业形势。高校扩招后，就业难的问题已经是不争的事实，学生就业走向越来越难主要表现在：

（1）供求矛盾突出。从总体情况来看，扩大招生导致毕业生供给与疫情导致市场需求下降形成明显差异。为了促进高校毕业生就业，政府推出了一系列促进就业政策，高校组织毕业生开展创业活动服务，包括各种就业培训、就业指导、见习实习，推动毕业生转变就业观念，面向基层、急需人才的困难地区就业。

（2）量与质逆向而驰明显。毕业生缺乏实用技能，尽管每年高校提供大量毕业生，但服务和研究产业招聘高质量工作人员仍然困难，现行教育模式难以帮助他们学到新产业发展所需要的实用技能和团队精神。因此，应加强建立高校与企业的"联合培养机制"，让毕业生能够学到企业所需要的工作技能。

（3）就业冷热两极反差强烈。受经济形势变化及疫情影响，就业出现了冷热不均的状况。比如，物流专业毕业生就业遇冷，部分新兴专业的毕业生却出现供不应求的状况，例如通信技术、大数据应用等专业，毕业生每年都被企业提前"预订"。

随着产业结构的调整，智能制造、大数据分析、生物制药等新兴产业兴起，需要大量专业对口人才，为此，高校须根据市场需求调整专业设置，培养相应人才以满足市场需求。

毕业生就业受多种因素的影响,高校应该从用人单位和毕业生供给与需求两个角度综合分析。近年来,相关调查数据显示:影响就业的主要因素从重到轻的排序是:工作能力、相关实习和工作经历、扬长避短、了解求职岗位的要求及特点、形象气质、学历层次、应聘技巧、学校名气、热门专业等,其中工作能力、相关实习和工作经历、应聘技巧等与就业直接相关的因素越来越重要,学校名气、热门专业、学历层次等因素的重要性则逐渐下降。

第七章 质量监控与管理

7.1 质量监控

7.1.1 质量监控的基本内涵

教学质量监控覆盖了教学工作规划、检查、评价、反馈和调节等各个环节，监控各个环节是否按照一定的程序开展，以确保教学工作达成质量目标。质量监控是教学质量管理的重要手段。

教学质量关系学校的生存和发展，质量监控对提升质量有重要作用，通过观察教学质量形成的相关因素，分析判断相关状态信息，采取有效的干预措施，完善教学工作，能够有效提高教学质量。

教学质量监控对象包括教学管理、教学过程和教学对象。教学管理监控包括教学管理要求与标准监控，落实和完善管理质量标准是提高教学质量的重要前提。教学过程监控可以了解教师教学工作的主观能动性，看到教学质量形成的过程。教学对象监控能够反映学生的学习和环境条件状况，对教学质量形成的主体进行监控，是提高教学质量的重要保证。

比如，通过教师继续教育、校本培训、政治学习、教研活动等方式，提高教师的思想政治素质、现代教育理论水平和现代教育技术水平，帮助教师懂得由此及彼、由表及里地观察分析事物，学会运用全面、发展的观点指导教学质量监控工作。

为了保障每一堂课的质量，学校可以组织集体备课、教研和教师继续教育等活动，提出课堂教学基本规范、教研活动形式和要求、教师岗位职责、教师聘用制度、教师考核制度、教学专用场室管理制度、学生学籍管理制度等规章制度，以保证课程计划实施。教学质量监控是对学校课程计划实施过程的相关因素进行监控，发现存在的问题，及时采取适当措施，完善教学质量监控系统，保证教学质量的形成与提高。

在教学质量监控的过程中会产生大量的数据，包括学生课前准备情况，以及学习过程中各次作业、单元测试、期中测试、期末考试、升学考试等情况，专业、班级，以及每个学生的平均分、合格率、标准分、标准差、水平接近度等。及时掌握、跟踪和处理相关数据是教学质量监控的必要前提，学校建立校园网，配置教师办公用计算机、打印机、复印机等现代教育装备，帮助教师掌握现代教育信息技术，运用计算机网络和计算机软件对教学质量监控过程中产生的大量数据进行信息化处理，帮助教师、学生及时获取教学过程的各种反馈信息，提高教学质量监控的时效性。

7.1.2　质量监控中的主要问题

在高等教育普及化时代，质量监控系统建设已经成为高校的当务之急。当前，高校开展教学质量监控，主要存在以下问题：

一是缺乏全面质量监控理念。教学质量监控对象包括教师教学、学生学习、学校教学管理，以及毕业生质量跟踪调查，以采取有效措施保证人才培养质量。由此可见，质量监控针对全体师生，具有全面性和全过程性，并非仅仅是教学管理部门的工作，学校所有部门、所有工作都应参与其中。当下，高校领导和师生普遍缺乏全面质量监控理念，质量监控体系各个环节缺乏联系，教学和管理呈现割裂状态，难以做到全面教学质量监控。

二是教学质量监控范围狭窄。多数高校的教学质量监控范围小，只是监控教学活动，对服务学生与管理水平、后勤保障等直接影响教学质量的因素，缺乏有效监控。有些高校对教学秩序监控比较严格，却忽视对专业设置、教学计划、教学内容的监控，导致教学计划不周全、课程设计不精细，人才培养不能满足社会需求。另外，也有一些高校重视教师理论素养，但针对教师实践能力（包括实践教学能力）监控缺乏力度。还有些高校对学生理论知识学习有严格监控，但是对于实践能力和操作能力培养监控力度不足。

三是质量监控主体单一。部分学校忽视学生、行业企业在质量监控中的作用。教学活动的主体是学生，教学工作首先要满足学生的需求，学生作为教学活动直接接受者，最有资格对当前的教学情况以及教学监控情况进行评价。有些高校不重视学生的想法和评价，只把学生作为教学接受者。外部行业企业无法直接参与学校教学质量监控，导致专业设置和课程体系改革没有对接企业人才需求，质量监控工作滞后，专业人才培养不适应经济发展要求。

四是缺乏对学生学习的指导。教与学并非独立、分离的两个部分，而是有联系、互动的。教师教学应该结合学生的实际情况，选取合适的方式，帮助学生更好地学习。学生也要适应教师的教学方法，与教师积极沟通。学生学习讲究一定的方法和技巧，在大众化教育环境下，一些学生学习基础比较弱，缺乏良好的学习习惯和学习能力。这就要求对教师教学和学生学习状态进行监控，帮助学生学会学习。

五是缺乏有特色的质量评价体系。有些高校已经注意到教学质量监控体系的重要性，也在不断完善。但对于教学质量监控评价还停留在同行的评价、督导评价上，忽视外部社会评价，没有建立起符合教育特点的监控和评价体系。

六是缺乏有效反馈与落实。高校普遍存在的问题是教学质量监控只停留在口头上，却没有着力解决问题。多数院校有质量监督管理措施，对教学内容和环节开展监督检查，但在发现问题之后，并没有真正采取措施去解决问题，或是没有严格落实解决措施，更没有定期跟踪检查，导致教学质量问题始终难以解决。

7.1.3 质量监控的主要途径

要保证专业人才培养工作质量监控的有效性，必须加强监控队伍建设，提高教学质量管理队伍水平，建立多层次、全方位质量监控组织机构。最基本的监控就是做好学生信息反馈工作，这是专业质量监控的基础。

第一，建立以专业负责人为核心的专业教学管理机构，使每一位专业教师都能参与到质量保证队伍中来，形成人人参与教研活动的局面。建立专业教学检查制度，定期开展教学检查，分别安排在学期初、期中和期末，三个阶段侧重点不同，对应检查教学活动安排情况、教学质量情况，以及考试评价情况，共同落实专业教学质量监控。

第二，加强专业教学各个环节建设。把握影响教学质量的主要环节（比如，主讲教师、教学标准和教材、教学条件、考风考纪等），完善监督和评价。教学质量监控职能要尽量下移，专业团队有专人收集教学信息，并且将这些信息进行记录和整理，归纳出影响教学质量的因素和主要问题，针对这些问题提出改进意见。

第三，建立专业教学督导队伍机制。由教师或是专家组成教学督导组，通过参与听课评价活动，有重点地对教学质量进行监控，有针对性地给出改革和建设建议。专业负责人经常与督导进行沟通，通过教研会议等途径，将督导建议反馈给教师，形成良好的沟通互动模式。督导也可以通过教学研讨、听课等方式，研究教学计划、教学内容、教材选用中存在的问题，以使教师及时进行整改。

第四，建立教学信息反馈机制。每个专业都应建立行之有效的学生评教制度。学生是接受教学的主体，教学质量高低最终体现在学生学习所得。所以，需要由学生对教学情况进行客观的评价。学生评教信息涵盖教师课堂教学、实践教学、教学模式和方法等多个方面，体现了学生在教学活动中的主体地位。比如，定期召开教学质量专题学生座谈会，更多了解学生对教学的想法和意见，以提高教学质量监控水平。

构建教育质量监测平台是取得教学信息的重要保障。借鉴 PISA、TIMSS[①] 等国际评价项目的先进评价理念、技术手段及操作方式，结合高校实际情况，构建开放性、综合性、多功能教育质量监测体系。质量监测平台应具有以下特点：

一是评价与分析自动化。质量监测平台依据质量标准进行统计与评判，自动生成各式报表与分析报告，减轻专业团队质量保证工作负担，降低人工操作失误率。

[①] PISA（Program for International Student Assessment，国际学生评估项目）是一项由经济合作与发展组织（Organization for Economic Co-operation and Development，OECD）统筹的学生能力国际评估计划。TIMSS 是国际教育成就评价协会 IEA 在美国国家教育统计中心（National Center for Education Statistics，NCES）和国家科学基金会（National Science Foundation，NSF）组织的第三次国际数学和科学评测（Third International Mathematics and Science Study）。

二是全面应用"精确评价"理念和思想。应用教育测量、教育统计学、教育评价学的理论和技术，将终结性评价与形成性评价有机结合。

三是灵活的模块化积木式设计。系统提供数量众多且又可独立运行的数据分析指标，用户可根据不同的教学教研需要，将众多分析指标项自由搭配组合。系统由多个既独立又可关联的子系统组成，各个系统之间可以通过标准程序接口互通数据。

四是基于云端服务的架构模式。利用 NET 和云计算技术，采用 WEB 访问方式，使内部数据自动共享和无缝对接，实现教学、教研与学业的同时监测与评价，用户可随时随地登入，满足不同角度、不同角色和不同时段监测与评价的需要。

对专业人才培养过程实施严格的质量管理，将管理激励和质量监控相结合，有利于克服影响教学质量的不利因素。教学过程管理不能仅仅使用严厉苛求方式，还需运用激励机制，使得师生都能够自觉、积极地参与到教学质量提升上来。为此，要了解师生的心理需求，将教学目标和这些心理需求相结合，从而达到教学管理目的。

教学管理不仅仅是专业团队的事，也是学校各级管理部门责任。学校层面有主持全面工作的校长和分管教学、教研教务、德育、总务、党务、群团工作的副校长，中层有教务处长、学生处长、总务处长、人事处长等岗位责任人，基层设有专业主任、主讲教师、实习主管等岗位负责人。尽管各层级岗位分别有不同的岗位职责，但教学是中心工作，除了直接从事教学工作的教师和教学管理人员负有教学责任以外，学校其他岗位的行政管理人员和教辅人员，同样负有支持、配合教学工作的责任，在不同层面、不同岗位上，让学校所有人员共同发挥促进教学质量提升作用。

教学管理须适应教学对象的认知水平，包括学生知识准备水平和接受教师教学管理的自觉性。在教学双方关系中，教师是主导，学生是主体，教师对教学过程的干预调控措施，必须通过学生认知内化，才能达到教师对教学过程干预调控的预期目的，收到事半功倍效果。教师要了解学生，才能分析和掌握学生可控与不可控方面，创设调控条件，适时提出适当的要求、采取适当的办法，改善学生的学习态度、学习方法、学习习惯、学习心理以及学习环境，使教学质量可调可控，向着教师期待的方向发展。

7.2　教学管理

7.2.1　教学运行管理

教师处在教学第一线，许多人对宏观教学与管理体制改革认识并不清晰。教学运行管理工作的目的，一是要使管理体制紧紧围绕教学工作，二是要把教学改革与管理改革融为一体，教学改革要为管理改革提供问题、思路和方向，管理改革应为教学改革提供保障。从教学运行管理角度来看专业人才培养，内容不仅包括教学过程各个环节，而且还涉及各个环节之间的相互关系和保障措施。

教学运行管理是一个动态系统，管理工作标准有弹性（或灵活性）和刚性两个方面。高校教学管理应适应科学技术进步、社会发展和个体成长三个方面的要求，具有一定柔性，既能够保障教学活动顺利进行，也可以带动科研活动和社会服务活动成功开展。教学运行管理主要涉及四个方面教学活动：

一是培养方案编制与管理。这是教学管理的核心内容，也是教学改革主要切入点，它与专业人才培养模式有直接关系。专业人才培养方案管理涉及人才培养理念，包括学校办学观、人才观、知识观、认识观、课程观与教学观等教育思想，直接影响人才培养模式改革，引导人才培养方案编制工作。

二是资源配置管理。其中包括教师配置、教师资格、工作态度和工作规则等。师资配置和组织、师资业务培训、师资教育教学水平提高，以及对教学改革的态度等，都是推进教学改革的不可缺失要素。经费、设施设备、信息资讯等，也会对专业人才培养质量产生重要影响。

三是培养方案实施。培养方案在一定的空间和时间实施，实施过程有一定的弹性。仅仅有培养方案和教师，还不足以保证培养质量。教学既是实践过程，也是教育教学认识过程，还是学生身心发展过程。教师教学方法既有科学、规范的共性一面，更有艺术、创造的个性一面。因此，教学管理既要有统一和规范要求，也要给教师自由发挥和想象空间，专业须营造气氛和环境，给教师教学以一定的宽松度和自由度。

四是满足学生需要。教学以育人为本，把教学工作放到学生素质培养上，满足学生身心发展。学生管理也是教学运行机制的重要组成部分，教学运行不能脱离学生实际情况，教师有不同的学生观，会使用不同的学生管理方式，从而对人才培养方案制订和实施产生影响。

专业人才培养过程好比一场戏，培养方案编制及其管理是剧本产生过程，师资队伍建设与管理对应演员队伍组织和管理，培养方案实施如同演出后台搭建和设施设备配置与维护，学生管理就如同观众观看剧目的规则和纪律的制定与执行。教学运行管理则将上述四个方面联成一个整体。

教学运行是由教学计划、执行、诊断和改进组成的循环往复动态系统，以教学工作为中心，调度人财物、信息、技术、科研成果等配套资源，支持和服务教学，把体现着高校办学理念及人才培养模式的教学计划付诸实施。通过提升教学运行管理工作成效，来达到教学质量保证体系落实目标，必须抓住教学运行管理中的主要矛盾，集中力量解决关键短板问题，把改进工作的重点放在影响教学运行管理成效的关键环节或步骤。具体而言，教学管理工作质量诊断与改进，就是找到质量控制点，以点带面加以改进，达到事半功倍的管理成效。教学运行管理质量控制点是指在一定时期内、一定条件下，解决管理工作中影响人才培养质量的主要问题或薄弱环节，它是质量保证体系的重要环节。专业可以通过使用各种有效的手段、工具和方法，加强重点环节管理，对关键点实施有效控制，使质量保证体系更好地发挥作用。

教学运行管理是一个动态系统，包括调配师资力量，组织完成日常的排课、选课、授课、调停课、课程考核、成绩管理、学籍管理及教学档案材料管理等事务，其中每一项事务都要根据教育教学规律和实际条件限制进行权变管理。从业务流程功能来看，教学运行管理主要是为师生安排授课，质量监控可以放在以下方面：

（1）人才培养方案执行异动。人才培养方案集中体现着高校办学定位和办学指导思想，是高校人才培养的"施工图"和"顶层设计"。因此，高标准严格执行是人才培养方案管理的核心。开课表是培养方案实施计划，对规范教学活动具有"法"的约束效力。开课表编排除了遵循教学效率优先、有效利用教学资源，以及体现人性化、科学性、合理性等原则外，重在严格执行。从培养方案到开课表、从开课表到实际执行教学活动安排，其间发生的临时性的或长期性的变动，都会直接影响到人才培养预定目标实现。

然而，从相对宏观、长期的培养方案，到指导师生具体授课活动的学期课程表，除受到教师、学生、课程、时间、场地等要素组合影响外，更受到教学管理指导思想、教学计划质量、师资资源充裕程度、教学管理监管水平等诸多不确定性因素制约，培养方案执行可能偏离或需要调整。为此，必须将培养方案执行的异动控制在一定范围内，这是强化教学运行管理的前馈（预先）质量控制点。

（2）人才培养方案执行监控。造成人才培养方案执行异动的主要原因有方案编制质量、教学师资资源和方案监管水平这三类因素。确保培养方案编制质量是方案执行的前提，要适时修订培养方案，欠缺科学性、严谨性和合理性的方案，必然会带来执行中的两难境地。确保方案编制质量的方法有很多，其中最关键的是在坚持人才培养特色的前提下，通过产教融合，构建由企事业用人单位、行业精英、校内外专家、应往届毕业生等多方代表参与的培养方案制订模式，对人才培养顶层设计精雕细琢。

师资队伍建设是人才培养质量提升的重点，师资质量不达标会导致方案论证不足，而影响其科学性和合理性，带来培养方案难以落实的隐患。办学条件场地限制也会导致方案制订或执行中出现"因人（场地、条件）设课"和"因无人不设课"或改变授课的情况，教学资源不足导致取消计划课程和教学环节的情况并不少见，这会导致培养方案执行过程中"退而求其次"的被动式调整。因各种非教学因素导致调课，会对既定教学方案实施产生冲击，影响教学质量。

（3）加强教学运行管理监控。管理监控的目标是将培养方案实施调整控制在一定范围内，尽可能地降低其对教学质量的影响。教学诊断与改进就是分析教学异动产生的原因、类型及其影响，尽量避免基础性、长期性异动（如非正常的教学实施计划调整），适量控制主动性异动（如更正不合理的教学计划、课表安排或因人或场地设课或停课等），杜绝失误性异动（如教学计划制订失误、课表错排漏排等）。为此，要健全教学运行管理诊断与改进工作机制，严格培养方案调整审批，构建教学方案执行情况审查和监督反馈机制，监控教学计划运行各环节、各步骤的执行情况，并及时反馈整改，确保教学运行平稳、规范、有序。

高校教学管理是通过构建有效的组织系统，以教学计划管理、教学运行管理、教学质量管理与评价，以及教学基本建设管理为核心内容的组织活动。以上四项核心内容分属管理活动的设计、执行、监控和保障环节，可分别界定为教学管理的前馈（预先）、过程（同期）、反馈（事后）和保障性质量控制点。同理，教学运行管理的质量控制点，也可以运用上述概念，抓重点、找关键，以达到事半功倍的效果。

7.2.2 教学运行制度

从根本上来讲，教育教学质量并不源自管理，质量文化境界才是质量保障的根本动力。这就是所谓的"一流学校文化办学、二流学校制度办学、三流学校校长办学"说法之来源。但在质量文化培育过程中，教育教学管理会在一定程度上影响到质量保证工作，因此，它也是提升专业人才培养工作质量的有效手段。

> 标准17：构建一个正式、严谨、有效的质量监控机制，覆盖培养方案的设计、审批、课程质量监控以及定期开展对培养方案的检查。

高校教学运行管理与质量监控依据相关制度来实施，质量文化也包括制度文化。在质量文化建设过程中，要建立覆盖主要教学环节的管理规则，形成一整套教学质量保证制度体系，比如《专业人才培养方案编制与管理办法》《课程教学标准编制规范》《排课与调停课管理办法》《课程考核管理办法》《毕业资格审核办法》《实践教学管理办法》《教材编写与使用管理办法》等。

教育教学管理制度是否在专业人才培养过程中发挥应有作用，也是人才培养质量保证工作是否有效的重要观察点。关于质量保障制度体系在培养方案执行过程中发挥了怎样的作用，专业团队可以提供证据，说明在何时、何处发挥了怎样的作用，证明制度体系对于抓住专业发展机遇（或发展战略）做出的贡献。

　　每一所高校都有校本《学生学籍管理办法》，它既是办学管理核心文件，也是教学运行管理基本制度。除此之外，还必须建立确保学籍管理过程完整性和正确性的相关机制（比如，《学生学业成绩考核评价办法》《学分制度管理办法》《毕业资格审核办法》《学位评定办法》等），并且保证其在学生学业成绩管理、学习过程管理、毕业资格管理中起到重要作用。

　　高职教育是跨教育界和行业企业界合作的人才培养，学校与相关职业领域协同开展专业人才培养工作，须建立跨界协同机制，保证行业企业在人才培养过程中发挥主体性作用，以落实产教融合人才培养理念。跨界人才培养机制须保证学校、学生、企业三方从中获得利益：学校利益主要来自人才培养成效，以及学校的品牌和社会影响力，从中获得更多办学资源；学生利益在于个人的成长，学生和家庭从中获得更高的价值；企业在培养高质量人才过程中，获得与生产其他产品同等的利润收益。协同开展人才培养须建立在三方共赢基础之上，据此，建立促进合作开展协同育人的工作机制，明确各方责任和义务。在现行教育制度下，政府应建立促进企业参与协同育人的政策环境，学校需要进行办学体制机制改革，企业需要建立人才培养意识，学生有权利自主选择学习内容和方式。

　　学分制是当下教学和管理改革的热门话题。40 多年来，学分制改革一次又一次被列入高校改革重点，但每次改革都是无疾而终。实际上，高校将学分制改革归入教学改革范畴，仅仅从教学管理层面上推进，是导致学分制改革难以落实的关键。学分制改革的本质是教育教学理念变革下的管理体制改革，要实现学分制改革目标，必须落实以学生和学习为中心的教育理念，这会触动高校专业人才培养模式和学校内部运行管理模式的本质问题，涉及人事、学生、教学、思想政治教育等方方面面。

　　要正确理解学分制改革的实质内涵，学分制改革不仅仅是教学改革层面上的事，不仅仅是教学管理系统改进，也不仅仅是以学分作为学生学业计量和毕业审核的标准。在本质上，学分制是一种教育模式，是与高校办学模式、人才培养模式相对应的教育模式，没有办学模式和人才培养模式改革，便没有实行学分制的基础。

　　从表面形式上来看，学分制以学分作为学习评价标准。从根本上来讲，学分制给学生以学习自主权，学校是学生学习资源提供者和学习支持者，这完全不同于学年制下的学校与学生之间的关系。有人形象地把学分制比拟为教育超市，学分制就是允许学生像在超市选购商品那样选课，每个人都可以根据自己的经济承受能力、兴趣爱好、学习潜质自主选择课程学习。因此，学分制改革要求学校树立学生自主学习理念和相应的人才培养工作机制。比如，学校要允许学生自主决定是攻读一个学位或两个学位，提前毕业还是延迟毕业；是否跨专业、跨系科选修课程，也都由学生自己决定。学生作为教学中心和主导者，必然会把个人发展置于学习选择的首要位置。毫无疑问，学分制改革会对专业人才培养目标形成巨大冲击。

绝大多数高校并不理解学分制本质。在多数高校，学生入学后，学习课程、教师安排、学制年限、学费标准、毕业与否等，大多是由学校决定，造成形式上的学年学分制。学分制改革要求高校放弃现行的学生学习计划管理模式，政府放弃现行的高校人才培养工作管理模式。

学年学分制是在规定的专业课程设置下，将课程学时数量转换成学分计算，毕业资格以既定课程下的学分完成数量来审核，在内涵上与学年制没有本质差别。有些学校看到了学分制管理模式在国际高校人才培养中的作用，但没有看清学分制背后的本质。如果我们没有看到培养目标上的差异，就不可能搞清楚学分制难以推进的原因所在，学年制办学符合当下办学体制和教育理念。但市场经济发展对高素质创新型人才培养提出了要求，推动高等教育必须走进学生"自主点菜"时代。简单地说，学生想选哪个老师的课，就上哪个老师的课，只要把学分修够了就行。当下，高校推进学分制改革须克服以下障碍：

一是以专业为核心的管理体系。自20世纪50年代院系调整之后，中国高校依照计划经济模式要求，建立了与之相适应的专业教育体制。多年来，已经在实践中摸索出一整套与之相适应的专业教育管理机制，其中包括党委领导下的校长负责制、校系教研室三级教学管理体制、学生管理与综合评价机制、师资队伍考核评价机制、思想政治工作运行机制等。在学年制教学运行管理系统中，各个教学单位管理职能部门相互协同制约，互为存在和运行的前提，形成确保办学目标达成的有效工作机制。

二是以培养接班人为目标的管理模式。多年实践证明，学年制是最适合于现行体制的教育教学模式。专业办学受制于计划管理，政府每年编制社会事业发展计划，将高校招生和毕业生计划列入管控，要求人才培养服务社会经济发展要求。这就决定了学校在学生入学之初就要为他们确定专业学习方向，也为学生决定未来职业工作方向，并据此提供教学模式（课程体系、学习模式）。与之相适应，高校内部建立的教学组织机构，有利于保障工作目标达成。比如，规定教师每年工作量标准，有利于教师编制计划；建立教师教学任务考核评价机制，有利于保证专业人才培养方案规定的任务量完成；建立专业教学机构，能够确保专业在学校中的地位等。

三是缺乏给予学生自主学习选择权的动力。为了保证专业教学团队的地位，确保团队中每位教师的利益，在编制专业人才培养方案时，学校必然倾向于提高必修课比重（开设必修课80%以上），降低选修课比重（多数高校的选修课比重都在10%左右）。有些专业还将选修课开成必选课，压缩学生自主学习选择空间，这种情况在中国高校十分普遍，与国际上学分制运行有很大不同。真正实行学分制模式的高校，学校开设课程丰富，学生选课空间大。若自主选择课程空间小，学分制就难以落实。在一些推行学分制的高校，也会听到学生抱怨：学校提供的课程选择并没有增加，只是改革了学分收费方式。还有一些学校开设的选修课，变相成为给学生送学分的"水课"。

推行学分制改革不是高校教学管理系统改革所能够落实的，它需要在高校人才培养目标、教育教学理念和办学运行管理体制三个方面下功夫。

一是确保学生有充分的自主学习选择权。市场经济环境下的学生面临自主就业竞争，他们不能仅仅被动接受学校提供的课程，需要更多自主学习，包括选课、选师，这是学生的基本权利，学校应提供相应保障机制。比如，学分收费标准如何制定？每个学分的成本是多少？如何进行核算？如何办理选课之后的退课？如何防止教师不公正评价？等等。对此，国际高校的做法是推进学生自治，发挥学生参与学校管理、监督、评价的作用。学校在出台与学生利益相关的改革措施时，须听取学生的意见，而不是由学校单方面决策；对于教师侵犯学生权利的行为，学生可以通过学生自治组织，要求学校教授委员会（或伦理委员会）对教师行为进行调查，并根据调查结果作出处理。

二是高校自主办学管理体制。管理体制改革既包括学校受政府管理，也包括学校内部教师管理、教学管理、学生管理、后勤服务等。要改变现有的运行模式，为学生自主学习提供环境保障。比如，在收费管理上，现行的政府审批制度不可能适应学生多种形式的需要，学校应自己建立民主决策程序，确保学生不会出现被学校乱收费的情况。

在现有的高校办学和管理模式下，政府、学校、学生都面临利益上的对立，使得行政部门对高校的治理陷入怪圈。高校管理依据行政逻辑，强化行政权威的趋势恶化了学校内部治理。从根本上说，深入推进我国高校的学分制改革，关键还在于建立符合市场经济原则的办学体制，落实和扩大学校自主权，完善学校内部治理结构。

三是转变专业人才培养目标和办学模式。高校以培养人为最终目标，同时服务社会经济发展要求。在校内教学管理上，转变校系专业三级教学管理体系，取消专业教研室作为一级教学管理组织，建立以课程为核心的教学管理系统，学校设立课程设置专家委员会，负责审定课程开设和教学质量评价；系组织课程教学实施，建立课程教学团队，主持课程教学教研工作。通过学校审核的课程，面向学生开放，由学生自主选择修读。学生只要修读必修课程（不超过总学分30%），并取得规定学分，即可以获得相应专业毕业证。

学分制改革冲击传统的专业人才培养模式，将现行的专业管理模式改变为课程管理模式，以课程为核心组织各教学元素。学分制的核心是落实学生的自主学习权，树立以学生为中心的办学理念，调整学校与学生关系，学生在课程修读、学习方式、选修时间上有自主选择权，学校提供学生要求的学习内容、时间和空间。为此，必须全面改革高校内部管理机制，包括人事、教学、学生、财务等管理体系和管理模式，以适应课程管理、学生自主的教学管理体系改变。

7.2.3 培养方案管理规范

《专业人才培养方案》是指导专业教学工作的"宪法"性文件，学校出台《专业人才培养方案管理规范》，内容覆盖培养方案的制订、审批、执行、检查、修订整个过程。

（1）培养方案制订、审批和执行。学校建立关于培养方案制订、审批和执行的组织机构，以支持教学工作有序开展。多数高校由教务处（或教学指导委员会）组织专业人才培养方案制订，出台《专业人才培养方案编制规范》《年度专业人才培养方案修订意见》，作为培养方案编制的指导性文件，由各教学单位（专业负责人）具体起草培养方案文本，在方案编制过程中听取教师、用人单位和专家的不同观点。

近年来，教育服务功能越来越受到重视，特别强调利益相关者对教育教学的要求，要建立学生和社会用人部门（协同育人单位）对方案制订产生影响的机制。虽然培养目标越来越多考虑到学生就业（社会）需求，但在决定培养方案内容时，更多的是与学校和教师利益直接相关。对于学校来讲，教学内容实施关系到教学环境和条件建设，课程设置关系到教师工作量，在以学时数为工作量计算依据的环境下，教师从自身利益条件出发设置课程体系现象也是屡见不鲜。因此，需要建立关于培养方案内容与培养目标之间关系的适应性评价机制，使得培养方案的目标与内容之间有合理的逻辑关系。是否推行学分制改革，以及在多大程度上推进学分制改革，不仅仅是办学条件与能力的问题，更在于办学理念。

（2）培养方案检查。专业建立培养方案定期检查机制是人才培养工作质量保证的重要措施。培养方案是关于未来 3～4 年的教学实施计划，课程体系和教学内容基于对产业发展和职业岗位预计来设计。但未来的状况并不能准确预计，这就要求专业在教学实施过程中，可以根据相关因素的变化做出方案调整。

比如，2016 年以来，受产业发展对技术人才要求变化的影响，专业人才培养口径被拓展，就业岗位从专业向专业群迁移，专业群建设被提到专业教育改革的重要议程上来。专业课程体系设置向专业群调整，开设专业群平台课程，在培养方案修订和执行过程中落实。

定期组织培养方案和教学实施情况检查，列入《专业人才培养方案实施与管理办法》。学校通常在每个学期（或学年），开展一次人才培养工作检查或总结，组织召开由专业教师、企业专家、用人单位参加的专题讨论会，对培养方案实施情况进行研讨，并提出改进措施。

学校根据利益相关者（包括学生、家长、用人单位、行业专家等）的反馈意见，对培养方案进行调整。利益相关者虽然对于专业人才培养修订没有决定权，但学校是否听取他们的意见，并在机制上保证相关意见落实到位，须定期开展外部第三方检查，这也是质量保证体系建设的重要内容。

（3）培养方案修订。专业人才培养方案修订是教学管理的重要内容，也是质量保证的重要环节。受到科学技术和社会经济文化环境发展的影响，高校必须对专业人才培养方案开展定期的修订，以使人才培养能够跟踪科学技术和社会经济文化发展。原则上，在每一个学年完成后，就应该在广泛社会调研的基础上，组织专业人才培养利益相关方共同开展专业人才培养方案修订工作。

培养方案修订的主要内容包括专业人才培养目标设定、基本规格要求、课程体系与教学内容，以及主要教学环节设置等。人才培养目标确定应在学生发展与服务社会之间取得平衡，培养规格设定须跟踪专业服务领域的科学技术与产业发展。课程体系设置是教师最为关心的内容，它不仅仅体现学生培养要求，也关系到教师在专业中的地位。如何克服因人设课现象，仍然是当下修订专业人才培养方案时需要克服的难题。专业负责人作为编制人才培养方案的执笔者，必须有正确的教育理念。笔者从事教育教学工作36年得出的经验是：从学生培养的角度来讲，培养方案中没有一门课程是不可缺少的，每一门列入方案的课程都非常重要。

7.2.4 课程教学标准管理

教学标准是课程教学的指导文件，是培养方案付诸实施的"学习线路"，也是教学活动起点和教学效果检测的参照。因此，课程教学标准是开展教学活动的基准，也是课程教学质量的保障。当下，高校课程教学标准编制及使用存在明显的"重教轻学""重形式轻使用"价值取向，编制主体是教师，内容设计侧重知识要点、授课安排、考核要求、参考资料等，都是由教师决定。多数教学标准的功用仅仅为教师授课参考和应付教学管理部门检查，在保证课程教学质量方面的作用发挥非常有限。要改变这一当前普遍存在的问题，可从编制互动型课程教学标准入手，将其作为课程质量控制点。

互动型教学标准强调学生知情权、参与权，明确界定师生双方责任和角色，针对性强、重学法指导、突出应用，教学质量是以学生学习成效来衡量。这种由当事相关方"共同参与、知情同意、角色责任对等"的具有合同性质教学标准，体现出明显的契约精神。它突出了以生为本、权利保障和有效监管的理念，可有效减少或杜绝施教和学习过程中的随意性和盲目性，构建师生课程教学活动的心理契约，有利于提高教学质量。此外，较之外部管控，学生作为教学活动的最直接利益相关者和当事人，在监督"教学合同"履约情况（即教学标准中约定的课程教学预期成效）方面，有发言权和评价权，其监督力度最大、面最广，故监督效果也最佳。

课程教学标准编制与实施须贯彻"以学生为本"的理念，尊重学生主体地位，充分吸纳学生参与其编制、执行和修改，明确界定师生双方的责任和角色。在内容安排、教学设计和方法指导上，不仅突出"教"的方面，更强调"学"的角度，提高其针对性和可操作性，使其成为师生双方共同遵守的教与学约定性文本，而非仅仅授课教师自己"心中有数、照纲施教"。

高校是传授高深学问、培养创新型专业人才的办学组织，不同高校的类型、层次、发展阶段、办学优势特色各异，课程开设数以百千计。专业、课程类型多样，专业人才评价标准多元，导致除若干门公共基础课程外，绝大多数课程考核都由专业自控。外控管理范围也仅限一些综合性、宏观、易于量化的学生学业评价项目，如各类技能竞赛、项目、论文、专利、就业质量、就业率等。高校课程及其教学活动的高度专业性，导致具体课程的学习效果评价不但是专业自控，更多是任课教师的教考自控，这也是高校尝试教考分离改革效果有限的根本原因。在教考一体的情况下，专业依据易于监控和直观考量的课程考试成绩数据，分析对比课程教学效果，意义往往变得极其有限，不适用于区分鉴别和奖优罚劣。在当前普遍重科研、轻教学的评价政策导向下，教师很容易失去创新课程考核方式方法的外部动力，过多关注考试评价功能，将其简化为提供成绩证明的手段，弱化（或忽略）了考试诊断、反馈、改进教学等重要功能。鉴于高校学业考试存在功能失效状况，应将优化高校学生学业评价机制，设定为教学运行管理的反馈（事后）质量控制点。

7.3　教学评价

7.3.1　教学工作评价

高校采取什么样的教学管理与质量监控方式，与学校教学和学习模式密切相关。21 世纪以来，教学系统化设计和在线教学成为高校教学改革两大潮流，课程不再仅仅依靠教师经验。无论是"以学生为中心"教学理念，还是慕课、SPOC、翻转课堂、混合式教学等新教学模式，都是按照系统工程思路精心设计。系统化教学设计下的教学标准，为在线教学开展奠定基础。课程教学从课堂面授课程发展到开放式课程，再经历慕课，再到经过详细设计、师生/生生持续交互的动态生成课程，质量控制的三个核心环节（即教学标准、教学实施和教学评价）没有变化。

教学标准包括教学目标、课程内容结构、学习资料、教学活动、学习评价方法，以及教学日程安排等。它明晰了教与学双方的责任，便于教学双方提前做好学习和教学时间安排。做好"做中学"教学活动系统设计，落实"以学生为中心"的理念是课程教学质量保证的重要内容。学生在实践的过程中，不仅掌握了具体知识点，还培养了知识评价能力和批判性思维能力。这类学习活动往往没有唯一答案，是开放性教学设计，教师需要设计多种评价工具，对学生学习过程、结果、态度等进行评价。

当下，高校课程教学质量控制存在的主要问题是缺少教学标准的系统化设计，多数课程教学标准主要采用教材章节，介绍课程知识结构，缺少体现以学生为中心理念的教学活动、教学评价和教学安排。以教师讲授为中心是课堂常态，学生很少主动参与教学过程。教师缺乏对课程教学目标的认真分析，少有教学活动与教学目标相匹配的研究和评价。以学生为中心的教学理念，没有落实到行动中。

专业人才培养工作质量保证重点是出台基于教学过程的监控措施，并有计划落实。这就要求专业采用有效的教学评价方式，在课程标准中规定教学目标是评价学生学习出发点，从教学目标出发，检查学生是否具备相应的能力和技能。课程教学评价通常包括两个层面：

一是针对每项教学活动设计单独评价指标或评价量规。从具体评价方法上看，对于那些答案唯一或者比较明确的简单认知技能，可以采用单选、多选、填空、配对、判断是非、计算、简答等客观性测验评价方法。对于过程性技能、作品等没有唯一标准答案的学习活动，则需要设计评价量规，按照等级评价学生作品，评价本身也是对教学目标的进一步细化。具体采用什么样的教学评价方法，依赖于特定的学习目标。

二是针对整体课程设计评价方案。除为每一项教学活动单独设计的评价量规、评价清单以外，还要考虑一门课程的完整评价方案。要求按照教学目标和学习活动的权重，加权计算每项教学活动的成绩，生成一门课程的总体成绩。

案例：《传播理论》课程整体评价方案

课程学习效果评分应包含学生完成所有教学活动的成绩，以及出勤、课堂讨论贡献等。《传播理论》教学标准规定课程按照以下权重计算最终成绩：25%是小组合作，研究并介绍一种传播学理论；20%是导论论文成绩；15%是期中论文成绩；30%是期末论文成绩；10%是课堂参与。

课程整体评价方案的原则是：所有教学活动都应该分配一定的权重，计算到课程最终成绩中。它体现了对学生学习投入的尊重，也是对学生参与学习过程的管理和监督（这一点对在线教学尤为重要）。

教学管理是一个专业领域，除了对教学课时等外在指标计量以外，还需要提出一些更专业化的管理方法。比如，应该按照教学系统化设计流程，对每一门课程做精细的教学设计，形成每一门课程教学标准；教学实施以活动和评价为抓手，检查学生学习行为和教师教学行为，落实教学设计要求。教学标准、教学活动、教学评价是质量控制三个核心环节，以此为抓手，推动教学模式改革，提高人才培养质量。

目前，高校教学质量评价存在的主要问题是强调结果，忽视过程监控。虽然大多数学校强调了评价多元化，但不论是对教师教学效果评价，还是对学生学习效果评价，大多是终结性评价，忽略中间过程。实际上，教学活动作为一个持续性、进阶性活动，过程评价尤为重要，它对课程或学生的评价更加客观、真实，强化各方主体对提升教学质量的主动参与意识，方便评价信息的及时反馈与改进，对人才培养质量提升会有更明显的效果。

7.3.2　第三方质量评价

引入独立于学校内部机构之外的第三方机构，开展专业人才培养工作质量评价，是专业建设思路的重大转变。第三方机构作为专业办学的"旁观者"，是无利益冲突的"观察员"。第三方教育评估是专业质量外部评价，其核心意义在于客观、公正和独立，有利于吸纳更加广泛的社会力量积极参与，使质量评价更加科学、实事求是。2015年，《教育部关于深入推进教育管办评分离促进政府职能转变的若干意见》指出，在做好内部评估的同时，要主动委托第三方开展全面、深入、客观的评估。它能为专业发展提供基础数据，并以此推动专业人才培养工作诊断和改进。

比如，教师队伍是专业人才培养工作质量保证的关键要素，列入《质量标准》重要指标，并细化为若干评价要素和观察点。第三方专业质量评估机构可以做到"换一只眼看教师队伍"，公正看待教师队伍状态与问题，在发现教师问题的同时，挖掘教师的优点与长处，促进教师专业水平及师德水平的提升。

第三方质量评价应体现教育类型特征。以职业教育为例，基于"以立德树人为根本，以服务发展为宗旨，以促进就业为导向"的办学方针，专业质量评价核心是学生就业能力、服务学生职业成长能力、服务区域经济社会发展的能力。以外部效益对专业办学方向、目标定位和教学质量进行评价，应采用毕业生就业率、平均月收入、就业与专业相关度、学生就业满意度、用人单位对毕业生满意度等指标，考查学生就业需求满足度。再比如，对专业"工学结合、校企合作、技术服务"评价，可采用校企合作深度、毕业生岗位工作胜任程度、职业教育资源整合优化程度、技术积累程度等指标。

体现教育类型特点的质量评估指标体系，既有利于高校依据自身优势有针对性地采取措施，也有利于政府科学有效分配教育资源，提高宏观管理效率。将质量评价与资源分配挂钩，是政府分配资源的重要依据。比如，以美国大学生满意度评价为例，它要求高校系统评估学生的总体体验，并及时采取行动，如果不采取行动，就可能会影响教学质量和课程设计改进，从而影响学校办学声誉和资源投入。

多元评价主体是推进"管办评"分离之关键。政府主导的专业人才培养质量评价，往往会有较强的行政色彩，在相当程度上限制了第三方参与度和话语权。实施多元主体评价，就是让与专业办学相关的学生、家长、行业企业等人员更多地参与到人才培养质量评价之中。

改革高校学生学业评价机制是当下热门话题，虽然推行社会第三方质量评价的热潮方兴未艾，但它也有一定的局限性。以高校课程教考一体化和全程自控为例，虽然不利于教学效果外部监控，但它并不是学生学业考核功能失效的根本原因。如果忽略教师和学生在教学评价上的主体作用，过分强调高校教学质量外部监控，对质量保证产生的正向效果非常有限。高校学业考试改革应由作为教学主体的全体师生参与，教学管理部门提供政策和制度支持，以激发师生对于考试改革的内驱力。教学质量评价以促进学生良性发展为出发点，教育教学活动效果评价应围绕学生的发展性价值展开。优化高校学生学业评价制度，就是摈弃只关注考试选拔、甄别的评价功能，即狭隘的、功利的、侧重量化和带有外部管控的学业评价观。高校应采用强化教师主导、评价过程性和持续性、追求学生学业成就和发展性价值的学业评价理念。

7.3.3　质量评价信息反馈

专业建立教学评价信息反馈机制，帮助教师动态取得教学工作质量信息，提出改进措施，并在教学常态中落实改进。专业团队能够准确地从信息反馈中找到质量问题所在，并及时调整教学方案，改进教学方式。

当下，多数高校内部专业人才培养工作质量保证体系建设存在一个重要问题是未能形成质量保证闭环。一方面是因为信息反馈存在滞后性，质量评价信息为固定周期性反馈（静态信息），如每年的教学质量报告或每个学期的教学质量评价总结，虽有少数学校能够对每个月质量评价信息进行反馈，但这种信息反馈滞后于教学工作。另一方面是因为质量评价信息缺乏改进机制，无法在教学常态卜实施质量动态改进。在大多数情况下，质量信息是在教学工作完成以后获得的，教师对于质量信息的处理，只能延后到下一个教学循环中进行改进，即信息反馈是在一个教学循环结束后才能取得，无法及时指导教学改进。质量保证工作没能在常态教学中形成闭环，难以达到动态改进质量之目的。

近年来，高校着力构建"质量年报—教学评价—专业评价—课程评价—教师评价"五层次、多维度质量评价与保障体系，逐步完善校内教学质量评价与保障机制。质量年报是学校阶段性质量检视，通过质量年报的总结和反思，促进专业教学质量改进。质量年报工作与教学状态数据库相结合，可提供多角度分析教学状态的基础数据，为教学运行决策提供依据。

专业评价工作包括基本工作、重点工作、特色工作三个部分。基本工作是指教学运行及管理、质量监测、改革和建设工作。重点和特色工作放在专业人才培养特色举措或运行制度创新上，专业评价是根据专业自身发展特点，基于评价指标体系的专业自评，对教学进行实时监测，掌握专业动态发展，提供专业建设改进意见。课程评价是基于课程教学标准的教学质量评价，是在教学常态下开展的课程教学质量动态评价，督促教师在教学过程中时时改进。教师评价以课堂教学评价指标为基准，对教学工作质量进行评价，促进教师改进教学工作质量。

教学质量评价模式采用"评价—反馈—整改—检查，再评价—反馈—整改—检查"循环方式，实施时时动态评价，促进教学质量动态持续提升。近年来，有些学校在教学质量评价与保障体系建设方面取得了一些成效，由"以课堂为主"向"课内外结合"转变，教育教学活动监测对象由教师扩大到学生、教学活动，质量评价逐步从"结果评价"向"结果和过程评价相结合"转变。但这与素质、知识、技能"三位一体"人才培养模式，以及"以学生为中心"理念要求，还有相当的距离。中共中央、国务院在《深化新时代教育评价改革总体方案》中，对教育评价提出了总体要求和具体任务，为专业人才培养工作质量保证体系建设指出了更为科学、系统的改革方向。

人才培养质量评价改革，突出强调评价对专业人才培养工作质量的导向功能。从国际上看，以美国为代表的西方高等教育强国，在 20 世纪初就实施了现代意义上的高等教育评估。1988 年联合国教科文组织在巴黎召开的第一届世界高等教育大会，标志了质量评价新时代的开启。国际高等教育领域基本形成了以高校自我评估为基础，教育行政部门监管为引导，学术组织、行业部门和社会机构等多元主体参与的高等教育评估制度。

然而，在人才培养工作质量评估实践中，存在诸如权力失衡、制度局限、文化盲从等现实困境，使得质量评价难以触及高校质量提升的根本。当前，我国高校质量评价正处于由政府主导向多元主体参与转变的变革时期。教育评估制度与教育体制改革，同步纳入国家顶层设计，具体表现为：一是教育质量评价成为国家宏观管理的重要手段，被纳入国家教育管理体制；二是教育质量评价体系逐渐成形，初步建立"分级管理，分级负责"评价体系；三是教育质量评估实践逐步推进，与高等教育改革发展并行。

近年来，虽然质量评价逐步规范化和科学化，但在由精英教育转向大众化教育阶段的现实情况下，教育质量评价专业化发展速度有所减缓。比如，广东省根据高等教育毛入学率快速提高的目标要求，将"十四五"高等教育发展定位于"扩容、提质、强服务"，扩大办学规模被放在第一位，导致办学投入和质量保证跟不上发展要求。实际上，以大规模扩招推进高等教育从精英阶段到大众化，高等教育利益相关者的比例大幅提升，教育质量问责意识也在提升。由行政力量主导的一元主体评估制度已无法满足多维度、多层次利益诉求。

依据专业人才培养工作质量标准，针对性地取得与质量相关的学生素养和品德、教学运行管理、信息化应用等信息，作为专业人才培养工作质量评价观察点。虽然随着现代科技信息发展，质量评价指标发生变化，质量标准中的相关要素也会发生改变，但教育还是受自身规律支配。《全球竞争力报告》① 提出教育质量评价的重要指标应包括数字素养、人际交往技能以及批判性与创造性思维能力。专业办学质量评价不能再偏重规模、设施等外在指标，应更多关注满足现代教育发展需求。

---

① 世界经济论坛（World Economic Forum，WEF）发布《全球竞争力报告》，2020 年 12 月 16 日。

附录1　广州城市职业学院专业人才培养工作质量标准及质量保证体系（框架）（工程技术类）

目　录

第三章　培养方案设计

　3.1　培养目标与就业市场

　　3.1.1　培养目标

　　3.1.2　招生与就业

　3.2　课程设计

　　3.2.1　预期学习结果

　　3.2.2　培养方案范围和内容

　　3.2.3　其他课程设计方面

　3.3　方案实施和评价方法设计

　　3.3.1　实施方法设计

　　3.3.2　评价方法设计

第四章　培养方案实施

　4.1　招生工作

　4.2　教学方法与手段

　4.3　学生个人能力发展

　4.4　国际视野

　4.5　社会交往

第五章　人才培养效果

　5.1　评价结果

　5.2　毕业生质量与就业状况

　　5.2.1　毕业生质量

　　5.2.2　就业

　　5.2.3　培养方案声望

第六章　教学管理与质量监控

　6.1　教学制度

　6.2　培养方案制订、审批和执行过程

　6.3　培养方案检查

　6.4　教学过程监控与评价

引　言

　　本文以《广东省高等职业院校内部质量保证体系诊断与改进实施方案（试行）》（教高函〔2016〕81号）为指导，在参考教育部相关专业认证标准和国际高等院校三年制工程教育专业认证标准（《悉尼协议》）的基础上，结合广州地区社会经济发展和高等职业教育改革与发展状态，以及学院在"十三五"期间的办学目标和发展规划制订培养方案。

　　本文是以学生为中心、以结果为导向、以应用为目标、以促进学生全面发展为宗旨、以专业（或专业群）为对象、以人才培养方案为核心，从环境条件、办学方向、培养方案、培养工作、培养成效、管理与监控6个方面出发，制定人才培养工作质量标准和保障体系。

　　本文依托学院人才培养数据平台，结合国家高等职业教育改革与发展趋势，引入以下内容：教育价值观与办学定位、校企协同育人机制与成效、行业企业标准融入人才培养、职业教育人才培养模式改革、职业教育师资队伍建设等。

　　本文适用学院高等职业教育的各类专业，着眼于内部质量标准和保证体系建设，是学院专业人才培养工作质量保证的重要组成部分，可作为指导学院内部专业（或专业群）人才培养工作评估之依据，也可以作为政府和社会第三方评估机构进行人才培养工作质量评估之依据。

　　各专业可以依据本标准和指标，对照本专业的实际情况，在质量描述的基础上形成质量自评报告和年度质量监控报告，以备用于审查人才培养和质量监控成效，以及接受社会对专业人才培养工作质量的评价。本文所适用的人才培养工作质量或内部质量保证，是针对至少已有一届毕业生的专业，新办专业可以参照本文所提出的标准和指标进行建设。

```
┌─────────────────────────────────────────────────────────────────┐
│                         环境条件                                   │
│  *专业所属行业企业现状与发展趋势    │  *学院师资队伍现状与建设      │
│  *高等职业教育改革发展趋势          │  *学院办学条件与校企合作状况  │
│  *社会经济与职业教育发展状态        │                              │
│  *国际高等职业教育改革与发展        │                              │
└─────────────────────────────────────────────────────────────────┘
```

办学方向	培养方案	培养工作	培养成效
*办学目标	*培养目标	*招生与新生选拔方式	*评价结果信息
*办学特色定位	*目标市场与预期	*教学方法	*毕业生质量信息
*教育价值观	*毕业生就业指向	*教学方法与学习资源质量	*毕业生就业领域
	*方案实施设计		*用人部门反馈

```
                    ┌──────────────────┐
                    │    管理与监控      │
                    │  *教学管理体系     │
                    │  *内部质量监控体系 │
                    │  *第三方评价       │
                    │  *评价反馈机制     │
                    └──────────────────┘
```

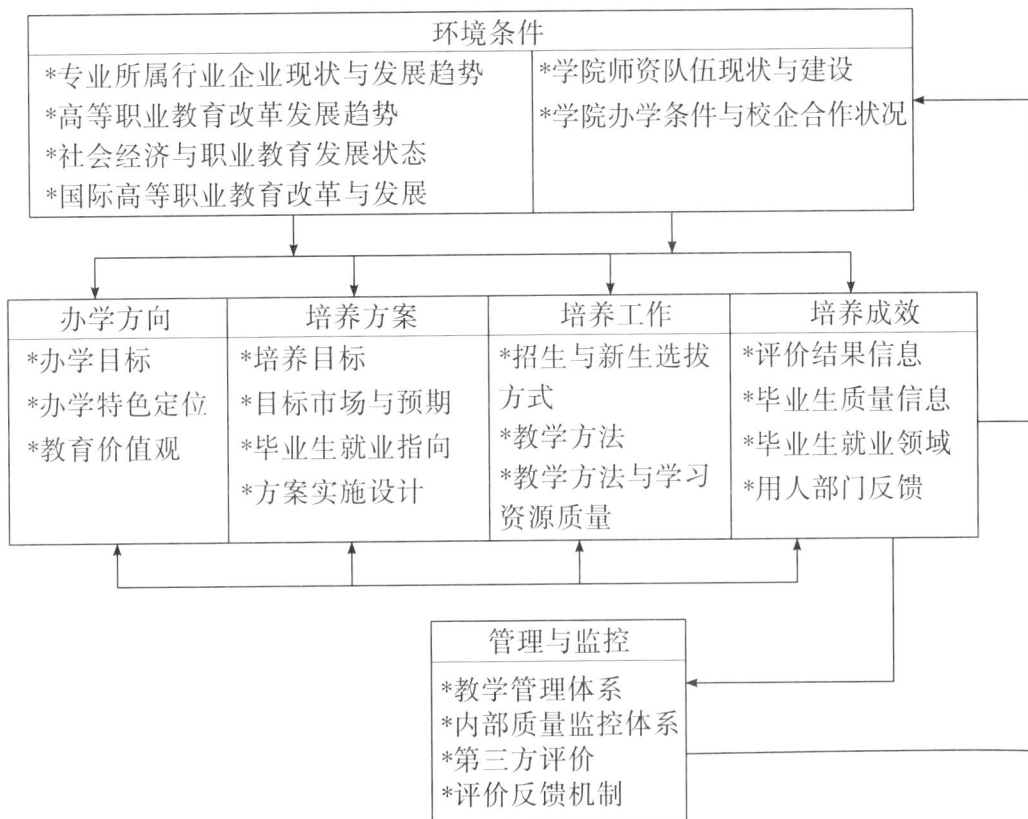

专业人才培养工作质量保证模型

第一章　办学背景与条件

1.1　社会背景

> 标准1：对本专业所处的行业企业状况、高等职业教育改革与发展要求，以及环境条件对于专业办学和培养目标的影响有清晰的认知；能对办学环境状况做出正确解读，并据此采取有效措施，促进培养质量的提升。

1.1.1 战略视野

（1）能对专业所属行业企业现状和高职教育发展做出清晰的说明。

（2）能对行业企业环境条件变化对专业定位和发展的影响做出清晰的说明。

（3）能清楚解释专业所处环境条件对专业人才培养方案制订的影响。

（4）能清楚说明国际国内高等教育发展改革趋势对专业建设和人才培养方案制订的影响，以及如何适应这些变化。

1.1.2 自身分析

（1）对学院办学目标定位和办学理念有清楚的认知。

（2）有明确的专业人才培养任务和目标。

（3）有确保组织、管理和经费投入能够实现培养目标的机制。

（4）对本专业在职业教育和行业产业中的水平、声望和定位有清楚的认知。

（5）能够说明本专业在高等职业教育领域中的竞争力，以及提高竞争力的有效办法。

（6）能够清楚说明培养方案在设计和实施上的国际化程度。

（7）能够说明建立协同育人相关机制的情况，以及用人部门参与培养方案制订和实施的程度。

1.2 师资队伍

标准2：教职员工的数量和质量能满足培养方案实施的要求，教师的专业知识、科研能力和专业对应的岗位实践能力能够满足培养方案实施要求，并能积极促进教学方法改进；教师与行业企业和用人部门保持适当的联系；师资队伍建设符合学院规定的要求。

1.2.1　师资数量与质量

（1）教师的数量、质量和水平与实施培养方案要求的层次水平相匹配。所有授课教师都应具有至少硕士学位或者相当于硕士学位的学术水平。

（2）教师的任职资格、数量以及学科领域、结构与培养方案的要求相吻合。

（3）每3年有半年以上所属专业对应职业岗位工作经历，在所教授的领域能够将理论和实践紧密结合。

（4）教师具有相应的背景和能力，在培养过程中体现国际视野要求。

1.2.2　教师发展

（1）随着学院发展和专业教学水平提高，师资学历结构要求应该随之提升。

（2）教师应与所教专业实践领域有足够的密切联系，能促进学生在所教专业领域成为潜在的实践者或管理者。

（3）教师应经常从事与专业相关的咨询、研究或案例撰写等活动，以此为培养方案质量提升和学生发展奠定基础。

（4）教师应积极从事教学改革活动，重视运用现代技术改进教学。

（5）建立科学合理的师资管理机制，包括聘任、工作量配置、业绩以及专业发展等。

（6）兼职教师队伍能够承担专业人才培养中的实践课程教学任务。

1.3　资源与设施

标准3：校内教学基础设施设备、协同育人单位设施与条件，能够支撑培养方案实施。

1.3.1 教学设施

（1）专业教学设施设备满足培养方案实施的需要。

（2）校园内外设施设备满足学生群体学习和活动需要。

（3）拥有合适的网络系统、图书馆和相关资源。

1.3.2 资源共享

（1）有稳定的校企合作伙伴，协同单位具备实践教学（企业教学）条件。

（2）建立校企合作教学资源共享机制。

第二章 办学方向与定位

2.1 办学方向

标准4：办学符合国家教育方针和办学方向，有利于满足人们日益增长的教育需求，达到举办者培养高素质技术人才要求，符合社会经济发展要求。

（1）对学院办学方向有清晰的认知。

（2）能够清楚说明学院办学方向如何在人才培养方案中落实。

（3）能够清楚说明自身办学成效是如何彰显学院办学方向的。

2.2 教育价值观

标准5：教学方案设计与实施有利于促进学生发展，并为社会经济发展作出贡献。

（1）对于教育价值观有清楚的认知。
（2）能够清楚说明培养工作如何着眼于学生发展。
（3）具有促进学生发展的教学管理措施。
（4）能够说明毕业生在社会工作中的贡献。

2.3　特色定位

标准 6：落实学院的办学特色定位，彰显学院的社会角色。

2.3.1　人才培养特色

（1）能够清楚说明本专业人才培养特色定位。
（2）能够清楚说出本专业办学特色在人才培养方案中的具体表现。
（3）能够清楚说明有关建立和落实人才培养特色的工作机制。
（4）展现人才培养特色成果。

2.3.2　专业特色

（1）能够清楚说明专业特色在人才培养质量和社会影响力提升上的作用。
（2）具有专业特色建设机制。

第三章　培养方案设计

3.1　培养目标与就业市场

标准 7：培养目标与学校战略思想和利益相关者的需要相适应；毕业生就业市场定位清晰；对招生要求、培养要求和毕业生就业去向的信息明确；培养方案有利于提升招生和就业质量。

3.1.1 培养目标

（1）能够清楚说明方案中的培养目标与学院人才培养目标的相关联程度。

（2）能够清楚说明培养目标满足办学利益相关者需要的程度，以及与国际国内背景和变化相适应的程度。

3.1.2 招生与就业

（1）了解录取新生状况，如录取新生的高考分数、第一志愿报考率、学习水平、地区分布等。

（2）结合就业市场情况，对培养方案进行调整与修订，并能就方案修订与办学能力提升之间的关联情况作出清楚说明。

（3）培养方案对于学生的毕业标准有明确的要求。

（4）对毕业生就业单位、职业岗位和用人单位对毕业生期望要求有清晰的了解。

3.2 课程设计

> 标准8：清晰地展示学生的学习效果、培养目标实现路径。培养方案应有利于达到预期的学习结果，内容包括教学与管理团队、课程设计、体现国际视野、社会发展趋势，以及用人部门需求等，并在课程设计中能够展现出来。

3.2.1 预期学习结果

（1）知识。

（2）技能（包括个体技能）。

（3）态度。

（4）对所学专业所对应职场情况的认知。

（5）国际视野。

（6）对社会发展趋势以及各种变化的认识（如全球意识和责任）。

（7）创新精神和创业意识的培养。

3.2.2　培养方案范围和内容

1．课程结构比例科学合理

（1）自然与人文课程比例不少于总学时数的20%。

（2）专业基础与专业课程比例不少于总学时数的60%。

（3）实践课程学时占专业课程总量比例不少于50%。

（4）选修课程学时比例不少于总学时的15%。

2．清楚说明培养方案中课程结构

（1）课程衔接：纵向一贯、横向协调。

（2）课程进程：教与学的时间安排（学时）。

（3）总体教学目标和主要实现方法，教学评价目的与方法。

（4）课外学习活动占总学分4%。

3．列出培养方案中课程或课程模块的信息

（1）课程介绍。

（2）预期的学习效果。

（3）课程教学大纲或内容（包括教学内容单元划分、技能训练流程设计、重点难点的确定、概念术语的逻辑关联等）。

（4）教学方法。

（5）评价目标与方法。

3.2.3　其他课程设计方面

（1）协同育人单位参与到人才培养方案和课程设计过程。

（2）在课程中引入相关行业职业标准，吸纳了资格认证课程的经验。

（3）能够清楚说明课程体系设计对于推进学分制改革的影响。

（4）课程设计借鉴了该领域的最新成果。

（5）课程设计在较大程度上体现最新课程设计理念并（或）有所创新。

（6）课程设计很好地将理论与专业领域实践有机结合起来。

（7）将当代主要社会发展趋势（如企业社会责任、可持续发展等）融入课程设计。

（8）在培养方案设计中，在以下方面突出国际化理念：

①课程设计。

②课程内容。

③跨文化能力的培养。

④学生海外学习和工作计划的有效性。

⑤外语能力的培养。

⑥国际行业职业标准。

3.3　方案实施和评价方法设计

标准9：培养方案实施方法设计，既要与专业职场需要相匹配，也要有利于达到培养目标和预期学习结果；评价体系设计应该有利于检验学生是否完全、有质量地达到培养目标和预期学习结果。

3.3.1　实施方法设计

（1）提供有培养方案的实施方法。培养方案可能通过以下一些可选择方法中的一种或者几种来实施：

①全日制方法；

②开放式远距离授课方法；

③岗位工作学习方法等。

（2）明确上述方法如何满足生源和培养目标的需要。

（3）明确实施方法如何运用（如按照怎样的时间表和推进步骤等）。

（4）能对课内和课外学习的比例以及两者如何平衡作出解释（说明学生的工作式学习时间是否符合未来获得其他证书或文凭的要求）。

（5）具有明确的对培养方案进行管理的制度。

（6）对于非教学人员管理者如何参与培养方案实施，有明确的指引。

（7）协同育人单位参与实施方法的设计。

（8）通过专业和课程标准（大纲），提出学习目标。

（9）推行现代职业教育教学模式改革。

3.3.2 评价方法设计

（1）评价方法能够引领质量提升。

（2）评价方法能够确保与该培养方案提出的目标和预期学习结果相匹配。

（3）评价体系能够准确体现评价指标，以及所用各种评价手段的相对权重。

（4）评价方法有明确的使用范围，例如某种考试、课程论文、小组作业、作品展示、学习项目、毕业论文等。

（5）采用过程评价与结果评价相结合的方法，课程考核设计能够对学生的学习能力和知识技能掌握做出清晰的评价。

（6）评价方法符合道德准则要求。

第四章　培养方案实施

4.1　招生工作

标准 10：针对培养方案所制订的招生条件应与生源市场相适应，严格规范以保证学生能实现培养目标，并达到所设定的毕业生标准；新生选拔过程应该清晰且首尾一致；能通过一定的方式吸引目标生源来校修读。

（1）依据职业岗位技能（或工作过程）要求，制定与培养方案一致的招生条件。

（2）明确招生工作的一般程序（搜集生源信息—确定报名条件—公布

遴选标准—录取公示）。

（3）依据年龄、民族、工作经验、限制条件等，确定学生选拔入学标准。

（4）能够保证较多数量和较高质量的生源。

（5）收集学生入学和毕业之间进步情况的可比信息；具有评估招生录取工作过程有效性（效益）的办法。

（6）在吸引新生入学方面，有一定的激励政策。

4.2　教学方法与手段

标准11：根据培养方案要求，为学生提供高质量教学过程；使用多种教学方法，并创造性、合理使用现代信息技术；提供高质量教学资源，教学方法的重点集中于学生如何学习。

（1）使用了多种相互搭配的教学方法，并对所采用的教学方法在人才培养中发挥的作用有清楚了解。

（2）推动教师在教学过程中使用现代信息技术。

（3）制定了鼓励广大教师使用先进、有效教学方法的措施，教学方法符合教学质量提升的要求。

（4）教学材料包括课程设计和"预期学习结果"等相关的全部内容。

（5）教学资料在形式和质量上达到专业化要求。

4.3　学生个人能力发展

标准12：培养方案应该支持学生成为全面发展的、具有自信的个体，成为优秀的职场一员。

（1）出台相关措施，有利于提升学生的学习技能，在教学的各个阶段诊断教学问题，并加以改进。

（2）培养方案明确提出通识教育目标，关注培养学生的可迁移技能，比如以下这些能力：

①严密、批判、分析的思维方式，进行理性的辩论和得出结论的能力；

②在培养方案课程学习的基础上，有意识进行拓展的能力；

③工作中的人际交往和团队合作的能力；

④综合一般概念并将其付诸实践的能力；

⑤服务社会的能力。

（3）培养方案有利于促进学生在职业发展上的成功，毕业生具有较强的就业竞争力。

（4）培养方案包含了较全面的德智体美劳各方面内容，以促进学生发展。有较完善的学生学习指导、职业规划、就业指导、心理辅导等方面的措施，并得到落实。

（5）对于未达到入学标准要求的学生，有相应的措施能够保证学生在进入专业学习时，达到入学标准。

（6）为学生提供与完成所学专业相适应的有成效的实践项目、以工作为基础的学习和实习机会，以及学生得到这种机会的相关信息。

（7）为学生提供自主学习的选择机会，并对于现实培养目标起到促进作用。

4.4　国际视野

标准13：发展学生的国际意识，在教师、学生、教学材料和国际交流活动等方面，构成影响学生国际化的文化氛围。

（1）在以下与国际化程度相关的指标上有所作为：

①国际生所占比例或国际交流对人才培养的影响；

②师资队伍中外籍教师和具有国际背景的教师比例；

③选用国际教材情况；

④外语水平；

⑤海外进修和工作情况；

⑥国际行业和职业标准的引入。

（2）通过国际学术交流活动，推进培养方案的国际化程度。

（3）选择、建立和管理与国际社会及相关专业团体的联系。

（4）为学生就业海外和涉外企业所做的准备。

（5）毕业生在海外或跨国公司就业比例。

4.5　社会交往

标准14：依托校企合作，加强培养方案中的实践环节，提升毕业生就业能力和促进就业。

（1）建立与人才培养工作适应的校企合作关系，并能够管理运用这些关系。

（2）校企合作在以下方面对人才培养方案的影响：

①招生与新生选拔；

②课程与课程模块设计；

③教学、能力提升、指导、项目监管；

④实习、职业选择。

第五章　人才培养效果

5.1　评价结果

标准15：预期学习结果与培养方案相适应；毕业率和学生发展情况的统计资料与培养方案要求相适应。

（1）评价指标的设置与培养方案要求相适应，并能给出标准的评分。

（2）学生作业（设计、项目、报告等）与培养目标相适应。

（3）评价体系具有精确性。

（4）采取有效办法和步骤来确保评价标准的客观性。

（5）能确保评价结果与每个学生的学业和能力相对应。

5.2　毕业生质量与就业状况

标准 16：所培养的毕业生质量与毕业生标准相吻合，与同等层次的该专业国际标准相吻合；为学生就业提供的指导和帮助与学生最终就业领域相适应、与培养方案的预期就业领域相适应。

5.2.1　毕业生质量

（1）毕业生具备了人才培养方案所确定的能力。

（2）反映潜在的用人单位对培养方案的建议，以及他们聘用毕业生的条件。

（3）明确学生考核资格、达到毕业资格的成绩标准，并说明这些作为判定标准的成绩与国际上的期望标准的相适应度。

5.2.2　就业

（1）就业指导和服务机构与培养方案预期有一致性，并提供到位的就业指导服务。

（2）与潜在的用人单位建立的关系有助于学生就业。

（3）毕业生的实际就业领域与所制订的培养目标有一致性。

（4）了解用人单位的种类、聘用毕业生情况，以及毕业生的就业岗位。

（5）了解毕业生在这些单位晋升与提薪的情况。

5.2.3　培养方案声望

所制订的培养方案在国际、国内具有一定的影响力。

第六章　教学管理与质量监控

标准17：构建一个正式、严谨、有效的质量监控机制，覆盖培养方案的设计、审批、课程质量监控以及定期开展对培养方案的检查。

6.1　教学制度

（1）教学运行管理与质量监控制度。

（2）质量保障制度体系应用于培养方案执行过程，清楚说明保障体系对于实现学院的发展战略作出贡献的状况。

（3）学院建立了确保学籍管理过程的完整性和正确性的相关机制。

（4）建立促进合作开展协同育人的各协同方工作机制。

（5）逐步完善学分制教学管理制度。

6.2　培养方案制订、审批和执行过程

（1）建立了相应的组织机构来支持工作过程。

（2）建立有关在培养方案制订、审批和执行过程中，吸纳教师不同观点的保障机制。

（3）建立学生和社会用人部门（协同育人单位）对方案制订产生影响的保障机制。

（4）建立保证培养方案内容与培养目标之间的适应性的评价机制。

（5）逐步推进学分制改革。

6.3　培养方案检查

（1）建立对培养方案进行定期检查和修订的机制。

（2）开展对于培养方案的内部检查及检查活动。

（3）能清楚说明如何根据教学过程和主要的利益相关者的反馈意见，

从设计上对培养方案进行调整。

（4）有定期的外部第三方检查，明确外部检查的基本程序。

6.4　教学过程监控与评价

（1）出台了针对教学过程的监控措施，并有计划地进行落实。

（2）采用有效的教学评价方式。

（3）引入第三方教学评价。

（4）建立教学评价信息反馈机制，以及跟进的改进措施。

（5）能够清楚说明从信息反馈所提出的教学改进措施，并有明显效果。

附录2 广州城市职业学院专业人才培养工作质量标准及质量保证体系

（框架）（人文社科类）

目 录

引　言

本文从"学生中心、结果导向、持续改进"质量保证理念出发，从环境条件、办学方向、培养方案、培养工作、培养成效、管理与监控这六个主要方面编制人才培养工作质量标准。人文社科类专业具有开放性（人文社科类专业需要多视角、全方位看问题的视野）、主观性（面对人文社科专业问题，主观意识和情感状态往往决定事物的重要性和处置方式）、非标准性（人文社会问题往往没有标准方法、标准答案）。与工程技术类专业相比较，人文社科专业的核心能力是社会技术，它是"个体"对"他人"跨界"反应"与"响应"的方式、方法与途径（常见表现有竞争、合作、顺从、关心、漠视、支配等），本文从社会技术培养过程开放性、主观性和专业学习内容非标准化出发，引入以下质量标准要素：

第一，思维与创新。发挥人文社科类课程在学生思维与创新能力培养上的作用，培养学生的批判思维、发散思维、创新能力，落实在人际沟通、团队合作、问题处理、语言应用等社会技术软实力上。

第二，整体性设计。人文社科类专业人才的核心能力培养具有整体性特点，培养方案更关注整体性、一体化教学内容设计。课程教学内容涉及识记、理解、运用、分析、评价和创新六个层次，课程应尽可能多地涉及内容层次。

第三，方案实施方法。采用案例法、辩论法、情景模拟法、调查实践法、讨论汇报法、项目教学法、合作学习法等，让学生在自主学习过程中提升综合素养和能力，把更多的课堂教学时间留给学生思考、分析和参与实践活动。

第四，教学评价。遵循人文社科类专业课程开放性、主观性的特点，避免科学化倾向，避免单纯以定量或标准化的答案来衡量学生人文社科类课程的学习情况，有效评价学生自我学习、合作交流、解决问题、创新思维等能力。

第五，综合实践教学。把握人文社科类专业实践性教学的内涵和特征，实践性教学作为赋能型的教学模式，培养大学生的社会技术，支持毕业生在进入职场之前掌握应该具备的实践性技能。

本文适用学院高等职业教育的人文社科类专业，着眼于内部质量标准和保证体系建设，是校本人文社科类专业人才培养工作质量保证的主要工作标准，可作为指导学院内部专业（或专业群）人才培养工作评价之依据，也可以作为政府和社会第三方评估机构进行人才培养工作质量评估之依据。

　　各专业可依据本标准和指标，对照本专业的实际情况，在质量描述的基础上形成质量自评报告和年度质量监控报告，以备用于审查人才培养和质量监控成效，以及接受社会对专业人才培养工作质量的评价。本文所适用的人才培养工作质量或内部质量保证，是针对至少已有一届毕业生的专业，新办专业可以参照本文所提出的标准和指标进行建设。

第一章　办学背景与条件

1.1　社会背景

　　标准1：对本专业所处人文社会发展状况、高等职业教育改革与发展要求，以及环境条件对于专业办学和培养目标的影响有清晰的认知；能对办学环境状况做出正确解读，并据此采取有效措施，促进培养质量的提升。

1.1.1　战略视野

（1）能对专业学科发展与应用现状和高职教育发展做出清晰的说明。

（2）能对社会人文与经济环境变化对专业定位和发展的影响做出清晰的说明。

（3）能清楚解释专业所处环境条件对专业人才培养方案制订的影响。

（4）能清楚说明国际国内高等教育发展改革趋势对专业建设和人才培养方案制订的影响，以及如何适应这些变化。

1.1.2　自身分析

（1）对学院办学目标定位和办学理念有清楚的认知。

（2）有明确的专业人才培养任务和目标。

（3）有确保组织、管理和经费投入能够实现培养目标的机制。

（4）对本专业在职业教育和专业服务领域中的水平、声望和定位有清楚的认知。

（5）能够说明本专业在高等职业教育领域中的竞争力，以及提高竞争力的有效办法。

（6）能够清楚说明培养方案在设计和实施上的国际化程度。

（7）能够说明建立协同育人相关机制的情况，以及用人部门参与培养方案制订和实施的程度。

1.2 师资队伍

标准 2：教职员工的数量和质量能满足培养方案实施的要求，教师的专业知识、科研能力和专业对应的岗位实践能力能够满足培养方案实施要求，并能积极促进教学方法改进；教师与专业服务领域和用人部门保持适当的联系；师资队伍建设符合学院规定的要求。

1.2.1 师资数量与质量

（1）教师的数量、质量和水平与实施培养方案要求的层次水平相匹配。所有授课教师都应具有至少硕士学位或者相当于硕士学位的学术水平。

（2）教师的任职资格、数量以及学科领域、结构与培养方案的要求相吻合，形成合理的专兼结合师资队伍。

（3）每 3 年有半年以上所属专业对应职业岗位工作经历，在所教授的领域能够将理论和实践紧密结合。

（4）教师具有相应的背景和能力，在培养过程中体现国际视野要求。

1.2.2 教师发展

（1）随着学院发展和专业教学水平提高，师资学历结构要求应该随之提升，能够满足专业教学发展需求。

（2）教师应与所教专业实践领域有足够的密切联系，能促进学生在所教专业领域成为潜在的实践者或管理者。

（3）教师应经常从事与专业相关的咨询、研究或案例撰写等专业实践活动，以此为培养方案质量提升和学生发展奠定基础。

（4）教师应积极从事教学改革活动，重视运用现代技术改进教学。

（5）建立科学合理的师资管理机制，包括聘任、工作量配置、业绩以及专业发展等。

（6）兼职教师队伍能够承担专业人才培养中的实践课程教学任务。

1.3　资源与设施

> 标准 3：校内教学基础设施设备、协同育人单位设施与条件，能够支撑培养方案实施。

1.3.1　教学设施

（1）专业教学设施设备满足培养方案实施的需要。
（2）校园内外设施设备满足学生群体学习和活动需要。
（3）拥有合适的网络系统、图书馆和相关资源。

1.3.2　资源共享

（1）有稳定的校企合作伙伴，协同单位具备实践教学（实践基地教学）条件。
（2）建立校企合作教学资源共享机制。

第二章　办学方向与定位

2.1　办学方向

> 标准 4：办学符合国家教育方针和办学方向，有利于满足人们日益增长的教育需求，达到举办者培养高素质人文社科类专业人才要求，符合社会经济和文化发展要求。

（1）对学院办学方向有清晰的认知。

（2）能够清楚说明学院办学方向如何在人才培养方案中落实。

（3）能够清楚说明自身办学成效是如何承担学校三大功能，以及彰显学院办学方向。

2.2　教育价值观

标准5：教学方案设计与实施有利于促进学生发展，并为社会政治、文化和经济发展作出贡献。

（1）对于教育价值观有清楚的认知。

（2）能够清楚说明培养工作如何着眼于学生发展。

（3）具有促进学生发展的教学管理措施。

（4）能够说明毕业生在社会工作中的贡献。

2.3　特色定位

标准6：落实学院的办学特色定位，彰显学院的社会角色。

2.3.1　人才培养特色

（1）能够清楚说明本专业人才培养特色定位。

（2）能够清楚说出本专业办学特色在人才培养方案中的具体表现。

（3）能够清楚说明有关建立和落实人才培养特色的工作机制。

（4）展现人才培养特色成果。

2.3.2　专业特色

（1）能够清楚说明专业特色在人才培养质量和社会影响力提升上的

作用。

（2）具有专业特色建设机制。

第三章　培养方案设计

3.1　培养目标与就业市场

标准7：培养目标与学校战略思想和利益相关者的需要相适应；毕业生就业市场定位清晰；对招生要求、培养要求和毕业生就业去向的信息明确；培养方案有利于提升招生和就业质量。

3.1.1　培养目标

（1）能够清楚说明方案中的培养目标与学院人才培养目标的相关联程度。

（2）能够清楚说明培养目标满足办学利益相关者需要的程度，以及与国际国内（行业、产业领域）背景和变化相适应的程度。

3.1.2　招生与就业

（1）了解录取新生状况，如录取新生的高考分数、第一志愿报考率、学习水平、地区分布等。

（2）能根据录取新生情况，设计差异化人才培养方案。

（3）结合就业市场情况，对培养方案进行调整与修订，并能就方案修订与办学能力提升之间的关联情况作出清楚说明。

（4）培养方案对于学生的毕业标准有明确的要求。

（5）对毕业生就业单位、职业岗位和用人单位对毕业生期望要求有清晰的了解。

3.2 课程设计

标准8：清晰地展示学生的学习效果、培养目标实现路径。培养方案应有利于达到预期的学习结果，关注课程整体性教学内容的取舍，注重人才培养整体性。内容包括教学与管理团队、课程设计、体现国际视野、社会发展趋势，以及用人部门需求等，并在课程设计中能够展现出来。

3.2.1 预期学习结果

（1）知识。

（2）技能（包括个体技能）。

（3）态度。

（4）对所学专业所对应职场情况的认知。

（5）国际视野。

（6）对社会发展趋势以及各种变化的认识（如全球意识和责任）和实践能力。

（7）创新精神和创业意识的培养。

3.2.2 培养方案范围和内容

1. 课程结构比例科学合理

（1）自然与人文课程比例不少于总学时数的20%。

（2）专业基础与专业课程比例总学时数占比不少于60%。

（3）实践课程学时占专业课程总量比例不少于30%（其中综合性社会实践课时不少于50%）。

（4）选修课程学时比例不少于总学时的30%。

（5）课外学习活动占总学时20%。

2．清楚说明培养方案中课程结构

（1）课程衔接：纵向一贯、横向协调。

（2）课程进程：教与学的时间安排（学时）。

（3）总体教学目标和主要实现方法，教学评价目的与方法。

（4）各类课外活动占总学分20%。

（5）开设综合性课程，课程内容至少涉及识记、理解、运用、分析、综合和评价层次中的两个方面。

3．列出培养方案中课程或课程模块的信息

（1）课程介绍。

（2）预期的学习效果。

（3）课程教学大纲或内容（包括教学内容单元划分、技能训练流程设计、重点难点的确定、概念术语的逻辑关联等）。

（4）教学方法。

（5）评价目标与方法。

3.2.3　其他课程设计方面

（1）协同育人单位参与到人才培养方案和课程设计过程。

（2）在课程中引入相关行业职业标准，吸纳了资格认证课程的经验。

（3）能够清楚说明课程体系设计对于推进学分制改革的影响。

（4）课程设计借鉴了该领域的最新成果。

（5）课程设计在较大程度上体现最新课程设计理念并（或）有所创新。

（6）课程设计很好地将理论与专业领域实践有机结合起来。

（7）将当代主要社会发展趋势（如企业社会责任、可持续发展等）融入课程设计。

（8）在培养方案设计中，在以下方面突出国际化理念：

①课程设计。

②课程内容。

③跨文化能力的培养。

④学生海外学习和工作计划的有效性。

⑤外语能力的培养。

⑥国际行业职业标准。

（9）加强阅读训练，提高学生阅读意识与能力。

（10）加强专业社会实践训练，遵循人文社科类专业学术发展规律。

3.3　方案实施和评价方法设计

标准9：培养方案实施方法设计，既要与专业职场需要相匹配，也要有利于达到培养目标和预期学习结果；评价体系设计应该有利于检验学生是否完全、有质量地达到培养目标和预期学习结果。

3.3.1　实施方法设计

（1）提供有培养方案的实施方法。培养方案可以通过以下一些可选择方法中的一种或者几种来实施：

①全日制方法；

②开放式远距离授课方法；

③岗位工作学习方法等。

（2）明确上述方法如何满足生源和培养目标的需要。

（3）明确实施方法如何运用（如按照怎样的时间表和推进步骤等）。

（4）能对课内和课外学习的比例以及两者如何平衡作出解释（说明学生的工作式学习时间是否符合未来获得其他证书或文凭的要求）。

（5）对于非教学人员管理者如何参与培养方案实施，有明确的指引。

（6）协同育人单位参与实施方法的设计。

（7）通过专业和课程标准（大纲），提出学习目标。

（8）推行现代职业教育教学模式改革，符合人文社科类专业学术发展规律。

3.3.2　评价方法设计

（1）评价方法能够引领质量提升。

（2）评价方法能够确保与该培养方案提出的目标和预期学习结果相匹配。

（3）评价体系能够准确体现评价指标，以及所用各种评价手段的相对权重。

（4）评价方法有明确的使用范围，例如某种考试、课程论文、小组作业、作品展示、学习项目、毕业论文等。

（5）采用过程评价与结果评价相结合的方法，课程考核设计能够对学生的学习能力和知识技能掌握做出清晰的评价。

（6）评价方法符合道德准则要求和人文社会学科学术评价准则。

第四章 培养方案实施

4.1 招生工作

标准 10：针对培养方案所制订的招生条件应与生源市场相适应，严格规范以保证学生能实现培养目标，并达到所设定的毕业生标准；新生选拔过程应该清晰且首尾一致；能通过一定的方式吸引目标生源来校修读。

（1）依据职业岗位技能（或工作过程）要求，制定招生条件，以满足培养方案实施要求。

（2）明确招生工作的一般程序，公开招生信息。

（3）依据年龄、语言、工作经验、限制条件等，确定学生选拔入学标准。

（4）能够保证较多数量和较高质量的生源。

（5）收集学生入学和毕业之间进步情况的可比信息；具有评估招生录取工作过程有效性（效益）的办法。

（6）在吸引新生入学方面，有一定的激励政策。

4.2　教学工作

> 标准11：根据培养方案要求，为学生提供高质量教学过程；使用多种教学方法，促进学生独立思考，关注人文社会，并创造性、合理使用现代信息技术；提供高质量教学资源，教学方法的重点集中于学生如何学习。

（1）使用了多种相互搭配的教学方法，并对所采用的教学方法在人文社科类专业人才培养中发挥的作用有清楚了解。

（2）推动教师在教学过程中使用现代信息技术。

（3）制定了鼓励广大教师使用先进、有效教学方法的措施，教学方法符合教学质量提升的要求。

（4）教学材料包括课程设计和"预期学习结果"等相关的全部内容。

（5）教学资料在形式和质量上达到专业化要求。

（6）教师采用能够促进学生独立思考的教学方法。

4.3　学生个人能力发展

> 标准12：培养方案在实施过程中，应该支持学生成为全面发展的、具有自信的个体，成为优秀的职场一员。

（1）出台相关措施，有利于提升学生的学习技能，在教学的各个阶段诊断教学问题，并加以改进。

（2）培养方案明确提出通识教育目标，关注培养学生的可迁移技能，比如以下这些能力：

①严密、批判、分析的思维方式，文化创新与传承意识，进行理性的辩论和得出结论的能力；

②在培养方案课程学习的基础上，有意识进行拓展的能力；

③工作中的人际交往和团队合作的能力；

④综合一般概念并将其付诸实践的能力；

⑤服务社会的能力。

（3）培养方案有利于促进学生在职业发展上的成功，毕业生具有较强的就业竞争力。

（4）教学活动应促进学生全面发展；有较完善的学生学习指导、职业规划、就业指导、心理辅导等方面的措施，并得到落实。

（5）对于未达到入学标准要求的学生（含不同来源的学生），有相应的措施能够保证学生在进入专业学习时，达到入学标准。

（6）为学生提供与所学专业相适应的有成效的实践项目、以工作为基础的学习和实习机会，以及学生得到这种机会的相关信息。

（7）为学生提供自主学习的选择机会，并对于现实培养目标起到促进作用。

4.4　国际视野

> 标准 13．发展学生的国际意识，在教师、学生、教学材料和国际交流活动等方面，构成影响学生国际化的文化氛围。

（1）在以下与国际化程度相关的指标上有所作为：

①国际生所占比例或国际交流对人才培养的影响；

②师资队伍中外籍教师和具有国际背景的教师比例；

③选用国际教材情况；

④外语水平；

⑤海外进修和工作情况；

⑥国际社会文化思潮、国际行业和职业标准的引入。

（2）通过国际学术交流活动，推进培养方案的国际化程度。

（3）选择、建立和管理与国际社会及相关专业团体的联系。

（4）为学生就业海外和涉外企业所做的准备。

（5）毕业生在海外或跨国公司就业比例。

4.5　社会交往

> 标准14：依托校企合作，加强培养方案中的实践环节，提升毕业生就业能力和促进就业。

（1）建立与人才培养工作适应的学校与社会机构合作关系，并能够管理运用这些关系。

（2）学校与社会机构合作在以下方面对人才培养方案的影响：

①招生与新生选拔；

②课程与课程模块设计；

③教学、能力提升、指导、项目监管；

④实习、职业选择。

（3）组织学生参加课外活动。

第五章　人才培养效果

5.1　评价结果

> 标准15：预期学习结果与培养方案相适应；毕业率和学生发展情况的统计资料与培养方案要求相适应。

（1）评价指标的设置与培养方案要求相适应，并能给出标准的评分。

（2）学生作业（设计、项目、报告等）与培养目标相适应。

（3）评价体系具有精确性。

（4）采取有效办法和步骤来确保评价标准的客观性。

（5）能确保评价结果与每个学生的学业和能力相对应。

（6）有对学生课程目标、专业培养目标达成度的评价。

（7）课程教学和考核应体现非标准化专业教学特点。

5.2　毕业生与就业领域状况

> 标准 16：所培养的毕业生质量与毕业生标准相吻合，与同等层次的该专业国际标准相吻合；为学生就业提供的指导和帮助与学生最终就业领域相适应、与培养方案的预期就业领域相适应。

5.2.1　毕业生质量

（1）有符合人文社科类专业人才特点的质量标准。毕业生具备了人才培养方案所确定的能力。

（2）提出毕业生培养目标达成度的要求，毕业生具备人才培养方案所确定的毕业条件。

（3）反映潜在的用人单位对培养方案的建议，以及他们聘用毕业生的条件。

（4）明确学生考核资格、达到毕业资格的成绩标准，并说明这些作为判定标准的成绩与国际上的期望标准的相适应度。

5.2.2　就业

（1）提出毕业生与就业目标岗位的匹配度要求。

（2）就业指导和服务机构与培养方案预期有一致性，并提供到位的就业指导服务。

（3）与潜在的用人单位建立的关系促进了学生就业。

（4）毕业生的实际就业领域与所制订的培养目标有一致性。

（5）了解用人单位的种类、聘用毕业生情况，以及毕业生的就业岗位。

（6）了解毕业生在这些单位晋升与提薪的情况。

5.2.3　培养方案声望

有据可证，所制订的培养方案在国际、国内具有一定的影响力。

第六章　教学管理与质量监控

标准17：构建一个正式、严谨、有效的质量监控机制，覆盖培养方案的设计、审批、课程质量监控以及定期开展对培养方案的检查。

6.1　教学制度

（1）教学运行管理与质量监控制度。

（2）质量保障制度体系应用于培养方案执行过程，清楚说明保障体系对于实现学院的发展战略作出贡献的状况。

（3）学院建立了确保学籍管理过程的完整性和正确性的相关机制。

（4）建立促进合作开展协同育人的各协同方工作机制。

（5）逐步完善学分制教学管理制度，为学生自主性、跨专业学习提供保障。

6.2　培养方案设计和审批流程

（1）建立了相应的组织机构来支持工作过程。

（2）建立有关在培养方案制订、审批和执行过程中，吸纳教师不同观点的保障机制。

（3）建立学生和社会用人部门（协同育人单位）对方案制订产生影响保障机制。

（4）建立保证培养方案内容与培养目标之间的适应性的评价机制。

（5）逐步推进学分制改革。

6.3　培养方案检查

（1）建立对培养方案进行定期检查和修订的机制。

（2）开展对于培养方案的内部检查及检查活动。

（3）能清楚说明如何根据教学过程和主要的利益相关者的反馈意见，从设计上对培养方案进行调整。

（4）有定期的外部第三方检查，明确外部检查的基本程序。

6.4　教学过程监控与评价

（1）出台了针对教学过程的监控措施，并有计划地进行落实。

（2）采用符合人文社科类专业教学规律的有效教学评价方式。

（3）引入第三方教学评价。

（4）实施专业质量诊断与改进，建立教学评价信息反馈机制，以及跟进的改进措施。

（5）能够清楚说明从信息反馈所提出的教学改进措施，并有明显效果。

参考文献

1. 吴勇. 无问西东 ［M］. 武汉：武汉大学出版社，2019.

2. 吴勇. 嘉言懿行 ［M］. 广州：暨南大学出版社，2017.

3. 吴勇，张连绪，刘力铭，等.《悉尼协议》视角下的高职专业质量保障体系建设 ［J］. 南方职业教育学刊，2018（2）.

4. 教育部. 关于建立职业院校教学工作诊断与改进制度的通知 ［Z］. 教职成厅〔2015〕2 号.

5. 中共中央 国务院. 深化新时代教育评价改革总体方案 ［Z］.

6. 教育部.《普通高等学校基本办学条件指标（试行）》的通知 ［Z］. 教发〔2004〕2 号.

7. 教育部. 本科层次职业教育专业设置管理办法（试行）［Z］. 教职成厅〔2021〕1 号.

8. 教育部. 本科层次职业学院设置标准 ［Z］. 教发〔2021〕1 号.

9. 张怡，陈建环. 高职汽修专业课程评价体系的构建研究 ［J］. 职业教育研究，2014（11）.

10. 朱冬玲.《悉尼协议》对高职计算机类专业的启示 ［J］. 电脑与电信，2019（3）.

11. 朱冬玲. 基于目标达成度的软件课程诊断与改进：以《Java 语言程序设计为例》［J］. 电脑与电信，2019（C1）.

12. 关中. 高职院校计算机专业诊断与改进策略探索研究 ［J］. 现代职业教育，2018（12）.

13. 张怡，温炜坚. 高职《汽车保险与理赔》课程改革与实践 ［J］. 教育教学论坛，2013（29）.